Bilder fürs Leben

AF235442

Dr. med. Ursula Tirier, Ausbildung in Logotherapie bei Elisabeth Lukas, war von 1991 bis 1997 im Vorstand der Deutschen Gesellschaft für Logotherapie und Existenzanalyse (DGLE), davon zwei Jahre 1. Vorsitzende. 1996 Gründung des Instituts für Logotherapie und Existenzanalyse in Essen-Werden. Seit 1989 ist sie in eigener psychotherapeutischer Praxis tätig. Ihre Arbeitsschwerpunkte sind Angststörungen, Depressionen, Essstörungen und Psychoonkologie. Sie arbeitet in enger Kooperation mit dem Viktor Frankl Zentrum und dem Viktor Frankl Institut in Wien. Ursula Tirier hält Vorträge im Rahmen von Fortbildungen und in klinischen und seelsorgerischen Einrichtungen.

Bereits erschienen:

Tirier, Ursula: Dem Angstriesen entgegentreten. Schritt für Schritt zu neuer Lebensfreude. Patmos Verlag, Stuttgart 2019

Autorin des Podcast »LOGOS – Schritte zur Sinnfindung«

Mehr Informationen: www.logotherapie-essen.de

Ursula Tirier

Bilder fürs Leben

Schritt für Schritt das Leben gestalten

Wichtiger Hinweis:
Die in diesem Buch aufgezeigten Informationen, Bilder und Übungen im Umgang mit Menschen in psychischen Krisen entspringen den Erfahrungen der Autorin aus langjähriger psychotherapeutischer Arbeit. Sie ersetzen jedoch keine individuellen psychotherapeutischen Gespräche. Die Autorin kann für mögliche Irrtümer oder Schäden, die durch das Lesen der jeweiligen Informationen und Übungen entstehen können keine Haftung übernehmen. Das Lesen des Buches und der Umgang mit den jeweiligen Hinweisen und Übungen erfolgt auf eigene Verantwortung der Leserinnen und Leser.

Bibliografische Information der Deutschen Nationalbibliothek:
Die Deutsche Nationalbibliothek verzeichnet diese Publikation in der Deutschen Nationalbibliografie; detaillierte bibliografische Daten sind im Internet über http://dnb.dnb.de abrufbar.

© 2022 Ursula Tirier

Lektorat: Imke Rötger; www.imkeroetger.de
Korrektorat: Melanie Geppert; www.textagentur-geppert.de
Umschlag: Gestaltungssaal, Büro für Kommunikationsdesign
Covermotiv: © dodoit, © Pedro Vila, © TripleP Studio (alle shutterstock.com), © Sabine Hanel
Autorinnenfoto: PicturePeople Essen

Herstellung und Verlag: BoD – Books on Demand, Norderstedt

ISBN: 978-3-7557-9714-2

Inhalt

Einleitung

*»Ich bin völlig durcheinander und weiß gar nicht mehr,
was ich eigentlich will.«*
*»Mich drücken so viele negative Stimmungen und Gedan-
ken nieder.«*
»Es fällt mir schwer, mit mir selber umzugehen.«

Wenn Menschen in große seelische Not geraten und es
ihnen früher oder später gelingt, professionelle Hilfe durch
einen anderen Menschen anzunehmen, dann ermöglicht
vor allem die Sprache Berührung, Erkenntnis und Ermuti-
gung. Aber nicht immer reichen Worte allein aus. In meiner psychotherapeutischen Arbeit erlebe ich immer wieder, dass sich bei einigen Betroffenen innere Türen allein
durch Worte nicht öffnen lassen, sondern weiterhin ver-
schlossen bleiben. Dann ist der Einsatz weiterer Medien
notwendig. Ein wertvolles Mittel ist es, Bilder einzubezie-
hen. Bilder können Empfindungen auslösen, sie können in
besonderer Weise berühren, Verständnis und Erkenntnisse
wecken sowie Vergleiche mit dem eigenen Leben ermöglichen. Bilder können den Horizont erweitern, sie können
ermutigen und motivieren. Bilder sind jederzeit abrufbar,
und sie können zu wertvollen Lebensbegleitern werden.
  Seit über 30 Jahren führe ich eine psychotherapeutische
Praxis und leite ein Weiterbildungsinstitut. Durch die damit verbundenen Tätigkeiten wurde mir immer wieder die
Möglichkeit gegeben, meine Arbeitsweise zu vertiefen,
andere Wege zu suchen und neue sowie vor allem bildhafte Methoden zum Verständnis einzelner Lebensschritte
zu finden. Einige dieser bildhaften Methoden, die schon
häufig zum Einsatz kamen und sich im Umgang mit

persönlichem Leid bewährt haben, beschreibe ich in diesem Buch.

Grundlage meiner psychotherapeutischen Arbeit ist die Logotherapie nach Viktor Frankl, einer sinnzentrierten Psychotherapie. Sinnfindung vollzieht sich immer in einem schrittweisen Prozess, dessen einzelne Schritte wir Menschen häufig unbewusst umsetzen. Diese einzelnen Schritte bewusst zu machen und sie zu beachten, ist in Situationen seelischer Not für Therapeutinnen und Therapeuten, für Begleiterinnen und Begleiter ebenso wichtig wie für die Hilfesuchenden selbst. Dies ist somit ein wesentlicher Bestandteil logotherapeutischer Arbeit. Den Prozess der Sinnfindung und die einzelnen Schritte sowie deren Bedeutung für den Umgang mit Krisen veranschauliche ich – in meiner Praxis wie in diesem Buch – durch den Einsatz bildhafter Methodik. In Übungen rege ich Patienten an, sich reale Bilder vorzustellen. Beispielsweise gebe ich das Bild eines Sprungbretts vor, auf dem eine Person steht, die sich nicht entscheiden kann, den nächsten Schritt zu tun. Dieses Bild kann einen Menschen darin unterstützen, seine eigene Lebenssituation aus einer anderen Perspektive anzuschauen. Es kann ihm helfen, Erkenntnisse zu gewinnen und ihn ermutigen, eine persönliche Entscheidung zu treffen.

In diesem Buch geht es mir nicht um den Umgang mit konkreten Krankheitsbildern.

Die Lektüre dieses Buches kann auch keine Therapie ersetzen, in der persönliche Lebenserfahrungen und Lebensfragen besprochen werden. Sondern ich möchte die bildhafte Methodik und den Einsatz einzelner Bausteine aufzeigen, die in verschiedenen Zusammenhängen eingesetzt werden können. So möchte ich ein vertieftes Verständnis im Umgang mit Lebenskrisen auf dem Weg zum sinnerfüllten Leben schaffen. Dabei wende ich mich in erster Linie an Hilfesuchende, die daran interessiert sind, weitere, vor allem bildhafte Aspekte zur Stärkung ihrer Lebenskraft und Lebensfreude kennenzulernen. Gleichzeitig möchte ich mit diesem Buch Menschen ansprechen, die sich für die Logotherapie und deren Methoden interessieren. Die Arbeit mit den Übungen veranschauliche ich anhand von Patientenbeispielen.

In meiner Arbeit ist es mir ein wesentliches Anliegen, Menschen durch bestimmte Fragestellungen die Möglichkeit zu geben, ihre persönlichen Antworten zu finden – sowohl für das Verstehen ihrer jeweiligen Situation als auch für ihren Umgang damit. In diesem Buch werde ich einzelne Fragen so wiedergeben, wie ich sie auch den Patienten in der Praxis zu dem jeweiligen Thema und den aufgezeigten Bildern stelle. Vielleicht mögen Sie, liebe Leserin, lieber Leser, bei den Fragestellungen erst innehalten und nach eigenen Antworten suchen, bevor Sie im Text weiterlesen.

Das Haus:
Das Menschenbild der Logotherapie

»Vielleicht liegt es daran, dass man von draußen meint,
dass in euren Fenstern das Licht wärmer scheint.«[1]
Reinhard Mey

Viele Patientinnen und Patienten bitten mich zu Beginn der Gespräche, ihnen zu erklären, was Logotherapie als Psychotherapie bedeutet und wie ich vorgehen werde. Mir selbst ist es ebenfalls wichtig, dass sie verstehen, welches Menschenbild der Logotherapie zugrunde liegt und welche Wege und Ziele mit meiner Arbeit verbunden sind.

Logotherapie ist sinnzentrierte Psychotherapie. Sie beruht auf einem philosophisch-anthropologischen Menschenbild, das den Menschen als körperlich-seelisch-geistige Einheit und Ganzheit versteht.[2] Die Grundannahme der Logotherapie ist, dass wir Menschen unsere Lebensmöglichkeiten aktiv erkennen und gestalten wollen. Das aktive Gestalten dessen, was uns als wichtig und als sinn- und wertvoll erscheint, stärkt unser Lebens- und Selbstwertgefühl.

Wir Menschen sind körperliche Wesen. Ohne unseren Körper und ohne dessen wesentlichen biologische und physiologische Funktionen können wir nicht leben.

Wir Menschen besitzen Eigenschaften, die angeboren sind und die sich durch gelerntes Verhalten und durch Lebenserfahrungen verändern können. In vielen Situationen unseres Lebens reagieren wir zunächst gefühlsmäßig, so wie es in uns angelegt ist und wie wir es gewohnt sind.

Wir Menschen sind gleichzeitig wesentlich mehr als diese körperlichen und psychischen Anlagen. Wir können und wollen unser Leben aktiv gestalten, wir wollen uns entscheiden können im Rahmen unserer Lebensmöglichkeiten. Wir erleben uns als verantwortliche Wesen. Das Leben stellt uns Fragen im Hinblick auf Werte; wir erleben uns aufgefordert, anderen und auch uns gegenüber aktiv Antworten zu geben.

Um diese theoretischen Erläuterungen zu veranschaulichen, stelle ich häufig den Vergleich mit einem Haus an. Dabei rege ich meinen jeweiligen Gesprächspartner an, sich an folgendes Bild in seinem Leben zu erinnern:

Bitte versuchen Sie, sich an ein Haus in Ihrem Leben zu erinnern, in dem Sie einige Zeit verbracht und in dem Sie sich wohl gefühlt haben. Versuchen Sie, in dieses Leben dort noch einmal einzutauchen.

Und nun bitte ich Sie, mir zunächst dieses Gebäude zu schildern. War dieses Gebäude groß oder eher klein? Wohnten Sie dort in einer Wohnung oder in dem ganzen Haus? Welche Räume besaß dieses Haus oder diese Wohnung? Versuchen Sie sich zu erinnern an Treppen, Türen, Fenster, Heizung, …

All diese Materialien und die eingesetzten Techniken sowie die Mechanik sind vergleichbar mit unserem Körper, seinen Organen und seinen biochemischen und physiologischen Vorgängen.

Eine nächste Frage: In welchem Stil war das Haus gebaut, in welchem Zustand war es und wie waren die einzelnen Zimmer eingerichtet? Versuchen Sie sich auch daran zu erinnern.

Jedes Haus wird architektonisch in seinem eigenen Stil gebaut. Auch die Inneneinrichtung der einzelnen Räume eines Hauses oder einer Wohnung sind in ihrer je eigenen Art gestaltet. Dieser Stil der äußeren und inneren

Gestaltung eines Hauses oder einer Wohnung ist vergleichbar mit unseren charakterlichen Anlagen, auch mit unserem automatischen und unwillkürlichen Verhalten.

Jetzt bitte ich Sie, sich noch einmal zurückzuerinnern, warum Sie sich in dem Haus oder in der Wohnung wohl gefühlt haben. Was hat dazu geführt, dass Sie sich dort wohl gefühlt haben?

Wenn wir genau hinschauen, dann sind nicht die Materialien des Hauses und nicht der Stil der Einrichtung letztlich entscheidend für die Qualität des Lebens und des Erlebens in dem Gebäude.

Stellen wir uns einmal eine Person vor, die in einer kleinen, eher spärlich eingerichteten Wohnung mit mehreren Geschwistern aufgewachsen ist. Diese Person berichtet von einer sehr liebevollen und angenehmen Atmosphäre in der elterlichen Wohnung. *»Da war ein gutes Miteinander, ein liebevoller Umgang der Eltern mit uns Kindern.«* Die Atmosphäre war also nicht von den Räumlichkeiten und der Einrichtung geprägt. Sie entstand durch den liebevollen und wertschätzenden Umgang der Menschen miteinander.

Auch ein anderes Bespiel können wir uns vorstellen, einen Menschen, der eine Zeit lang in einem Haus mit großen und hellen Räumen und hochwertigen Einrichtungsgegenständen gelebt hat, der aber das Leben dort durch den einengenden und wenig wertschätzenden Umgang miteinander als keineswegs positiv erfahren hat.

Letztendlich sind es die Entscheidungen und Verhaltensweisen von Menschen, die ein wertvolles Miteinander und eine gute Atmosphäre in einem Gebäude ermöglichen.

Zu solchem guten Erleben äußern Menschen häufig auch diesen Satz: *»Es war der Geist, der in diesem Haus zu erleben war.«*

Dem Wort »Geist« kommt in der Logotherapie eine besondere Bedeutung zu. Wir sprechen dem Menschen – neben seinen körperlichen und psychischen Gegebenheiten – vor allem geistige Fähigkeiten und Anliegen zu. Der Existenzphilosoph Max Scheler sagte dazu: »Der menschliche Geist ist charakterisiert durch seine existentielle Entbundenheit vom organischen Leben und allem, was dazu gehört.«[3] Diese »existenzielle Entbundenheit vom Organischen und allem, was dazu gehört« macht die Freiheit des Menschen aus und birgt die Möglichkeit der geistigen Person, zu ihren biologischen und auch psychologischen Bedingtheiten Stellung zu nehmen. Wir Menschen benötigen sicherlich die organischen Bedingtheiten zum Überleben, diese aber bestimmen letztendlich nicht die Wertigkeit unseres jeweiligen Lebens. Wir können Stellung beziehen zu den Bedingtheiten und wir können uns diesen widersetzen. In der Logotherapie sprechen wir dabei von der geistigen Fähigkeit zur *Selbstdistanzierung*.

Auf das Leben in einem Haus übertragen bedeutet dies: Unsere Lebensgestaltung dort ist nicht notwendigerweise – und schon gar nicht ausschließlich – abhängig von den Gegebenheiten der baulichen Substanzen und der Einrichtung. Sondern wesentlich ist, wie wir in diesen Räumen das Leben gestalten wollen. Und damit wird ein weiterer, wesentlicher Aspekt der menschlichen geistigen Anliegen deutlich. Es geht nicht nur darum, von den Gegebenheiten Abstand nehmen zu können, sondern es geht auch und vor allem um die Hinwendung zu unseren persönlichen Gestaltungsmöglichkeiten. Wir Menschen sind weltoffene Wesen. Wir können und wollen in erweitertem Sinn existieren, wir wollen heraustreten aus unserer Körperlichkeit und Emotionalität. Wir wollen Bezug nehmen können zu dem, was uns in einer Situation als wertvoll, als wichtig erscheint, und wir wollen diese Möglichkeiten aktiv erleben und gestalten. In der Logotherapie sprechen wir dabei von der menschlichen Fähigkeit zur *Selbsttranszendenz.*

Viktor Frankl, der Begründer der Logotherapie, dazu: »Mensch sein heißt auch schon über sich hinaus sein. Das Wesen der menschlichen Existenz liegt in deren Selbsttranszendenz. Mensch sein heißt immer schon ausgerichtet sein und hingeordnet sein auf etwas oder jemanden, hingegeben sein an ein Werk, dem sich der Mensch widmet, an einen Menschen, den er liebt, oder an Gott, dem er dient.«[4]

Hier fasse ich den Vergleich zwischen dem Haus und den damit verbundenen Erinnerungen und dem logotherapeutischen Menschenbild noch einmal zusammen:

- Wir Menschen sind körperliche Wesen; ein Haus besteht aus bestimmten Materialien.
- Menschliche Eigenschaften, gelernte und reflexive Verhaltensweisen sind vergleichbar mit dem Stil eines Hauses, in dem es gebaut und eingerichtet ist.
- Aus logotherapeutischer Sicht können und wollen wir Menschen uns insbesondere unseren jeweiligen Lebensmöglichkeiten öffnen und diese wertschätzend gestalten. Vergleichbar ist dies mit der Atmosphäre in einem Haus, dem Geist, der in diesem Hause wohnt. Diese sind wesentlich abhängig von den Entscheidungen und dem Verhalten der Menschen, die dort leben. Jeder Einzelne ist dabei gefragt, die jeweilige Atmosphäre mitzugestalten, im gleichen Maße für andere wie auch für sich selbst.
- Durch die Erinnerung an die Atmosphäre in dem Haus oder der Wohnung wird erkennbar, dass das Erleben von etwas Wertvollem eine ganz eigene, eine persönliche Erfahrung ist. Diese ist sich selbst und anderen

gegenüber nicht beleg- oder gar beweisbar, wohl aber wesentlich erfahrbar. Möglicherweise will Reinhard Mey genau dies ausdrücken in seinem Lied »Gute Nacht Freunde«, in dem er sich für die Gastfreundschaft seiner Freunde bedankt: »Habt Dank, dass ihr nie fragt, was es bringt, ob es lohnt. Vielleicht liegt es daran, dass man von draußen meint, dass in euren Fenstern das Licht wärmer scheint.«[5]

Der Hosenkauf:
Die Schritte zur Sinnfindung

»Wie kann ich mich bei dem, was jetzt auf mich zukommt, zurechtfinden?«
»Wie soll ich mich eigentlich entscheiden?«
»Ich will wieder mehr ich selber sein.«

Wie können wir Menschen das, was für uns wertvoll beziehungsweise sinnvoll ist, erkennen? Und was ermutigt uns dazu, uns dafür zu entscheiden und es anschließend auch zu gestalten?

Wenn wir genau hinschauen, dann werden einzelne Schritte sichtbar vom Erkennen bis hin zum Ausführen und Gestalten dessen, was jedem Menschen als wichtig, als wertvoll erscheint. Von Bedeutung ist, dass diese Schritte auch und gerade dann erkennbar werden können, wenn ein Mensch das Selbstvertrauen und die Zuversicht im Umgang mit sich selbst und mit seinen Lebensmöglichkeiten verloren hat. Das Erkennen der einzelnen Schritte kann ihm Struktur und Überblick sowie die Hilfestellung geben, wieder aktiv zu werden.

Damit die Patientinnen und Patienten die einzelnen Schritte und deren Reihenfolge bei sich selbst nacherleben können, beziehe ich eine alltägliche und bekannte Situation in das Gespräch mit ein. Dabei rege ich sie an, sich Folgendes vorzustellen:

Sie stellen fest, Sie benötigen eine neue Hose und wollen diese einkaufen. In welchen Schritten gehen Sie dabei vor?

Vielleicht versuchen Sie, liebe Leserin, lieber Leser, erst Ihre eigenen Antworten auf die Frage zu finden, bevor Sie weiterlesen.

Sicherlich beginnen Sie nicht damit, dass Sie die Hose an der Kasse bezahlen. Vielleicht gehen Sie so vor:

Sie überlegen zunächst: Wie viel Geld kann und will ich für die Hose ausgeben? In welches Geschäft will ich gehen?

- Sie gehen in ein Geschäft und schauen nach dem Angebot in Ihrer Konfektionsgröße. Sie wählen einige Hosen aus, die infrage kommen.
- In der Umkleidekabine probieren Sie die Hosen an.
- Vielleicht fragen Sie sich: Welche Hose steht mir am besten? Welche Hose passt am besten zu mir und zu den Anlässen, bei denen ich sie tragen will?
- Sie entscheiden sich für die Hose, die am besten zu Ihren Vorstellungen passt.
- Sie gehen zur Kasse, bezahlen den Preis für die Hose. Anschließend wird sie Ihnen überreicht.

Sicherlich ist dies ein alltäglicher Vorgang, und häufig sind uns Menschen die einzelnen Schritte gar nicht bewusst. Oft agieren oder reagieren wir nach gewohntem Muster, nach Befindlichkeiten oder auch intuitiv. In Krisensituationen und/oder bei wichtigen Entscheidungen können diese Schritte jedoch mit mehr oder weniger großen Schwierigkeiten verbunden sein.

Bevor ich anhand eines Beispiels die Schritte ausführlich erläutere, rege ich Sie, liebe Leserin und lieber Leser, an, sich an eine eigene, persönlich erlebte Entscheidungssituation zu erinnern. Versuchen Sie dabei, sich die einzelnen Schritte, die Sie dabei vollzogen haben, noch einmal zu vergegenwärtigen. Mit welchen Gedanken, Gefühlen, möglicherweise auch Schwierigkeiten waren diese Schritte verbunden?

Anhand eines fiktiven **Beispiels** zeige ich nun die Schritte noch einmal auf. Die Überschriften benennen das Geschehen bei den einzelnen Schritten. Vielleicht können Sie auch anhand Ihrer persönlichen Erinnerung die einzelnen Schritte wiedererkennen:

Ein 30-jähriger Mann – geben wir ihm den Namen Jonas C. – arbeitet bei der Stadtverwaltung. Seine Tätigkeit sichert ihm zwar ein gutes Einkommen, doch er erlebt sich deutlich unterfordert. Seine Unzufriedenheit am Arbeitsplatz geht inzwischen auch in seinen privaten Alltag über. Er ist zunehmend gereizt, zeitweise auch traurig und bedrückt. Er spürt, dass es so nicht mehr weitergeht, dass er etwas in seinem Leben ändern sollte.

1. Schritt: Wahrnehmen

Nun kommt es darauf an, dass Jonas C. näher hinschaut, dass er versucht – vielleicht auch mit Unterstützung einer anderen Person –, sein Problem zu erkennen und zu benennen, um anschließend auf seine realistischen Möglichkeiten zu schauen.

1a: Wahrnehmen der Bedingungen
Jonas C. beschreibt sich als eher zurückhaltend und vorsichtig. Er mag Veränderungen nicht gerne. Es gibt vieles, was ihn interessiert, aber es fällt ihm schwer, sich auch dafür zu entscheiden. Schwierigkeiten schiebt er eher auf, und er traut sich nur selten, Fragen zu stellen, wenn er nicht mehr gut weiterkommt. Er hat Angst vor möglichen negativen Konsequenzen. Diese Angst ist es vor allem, die ihn derzeit daran hindert, sich einen neuen Arbeitsplatz zu

suchen, wobei er gleichzeitig Angst verspürt, dass er nicht sorgfältig mit sich und seinem Leben umgeht, wenn er jetzt nichts ändert.

1b: Wahrnehmen der Fähigkeiten und Möglichkeiten
Jonas weiß, dass er durchaus diszipliniert, zuverlässig und verantwortungsbewusst ist. Er ist in der Lage, strukturiert und konzentriert zu arbeiten, wenn er eine klar formulierte Aufgabe hat. Er kann gut im Team arbeiten, vor allem dann, wenn ihm die Menschen dort vertraut sind. Er mag die Arbeit mit Menschen auch gerne, wenn sie als Kunden an ihn herantreten. Dies kommt bei seiner jetzigen Tätigkeit aber nur sehr selten vor.

Jonas reist sehr gerne. Schon lange ist es sein Traum, in die Reisebranche zu wechseln. *»Aber«*, so überlegt er, *»reichen meine Fähigkeiten dafür aus, und verdiene ich dann genug?«*

In der Folgezeit erkundigt er sich nach Fortbildungsmöglichkeiten und nach Stellenangeboten.

2. Schritt: Werte erkennen und erfühlen

Jonas C. erhält von einem Reisebüro die Zusage für ein Praktikum. Dies absolviert er in seiner Urlaubszeit. Er erlebt die Arbeit in dem Reisebüro als sehr spannend und zu ihm passend. Immer mehr erkennt er: *»In diesem Beruf will ich gerne arbeiten, mit diesen Herausforderungen möchte ich künftig mein Leben gestalten.«*

Er schreibt Bewerbungen, stellt sich auch Vorstellungsgesprächen. Nach einiger Zeit erhält er ein konkretes Angebot von einem größeren Reisebüro.

3. Schritt: Entscheiden

Zweifel und ängstliche Gedanken tauchen auf. *»Werde ich den Arbeitswechsel schaffen? Soll ich den Schritt wagen?«* Die Erfahrungen aus dem Praktikum machen ihm Mut. Er sagt dem Angebot zu.

4. Schritt: Ausführen

Jetzt geht es um die Ausführung dessen, wozu er sich entschieden hat. Dazu gehören das aufmerksame Studium seines neuen Arbeitsvertrages und die endgültige Zusage durch seine Unterschrift: Dazu gehört auch die Kündigung bei der alten Arbeitsstelle. Und schließlich: der erste Gang zu seinem neuen Arbeitsplatz und die Einarbeitung dort.

Wenn wir noch genauer die einzelnen Schritte betrachten, dann wird erkennbar, dass bei jedem Schritt Schwierigkeiten auftauchen könnten, die den weiteren Prozess erschweren oder gar zum Stillstand bringen können. Zu diesen Schwierigkeiten zählen insbesondere:

- Oberflächlichkeit, zu geringe Aufmerksamkeit bis hin zur Gleichgültigkeit,
- Unsicherheiten und Ängste,
- Zeitdruck und Überlastung.

Bei jedem Entscheidungsprozess können diese hinderlichen Reaktionen oder Verhaltensweisen auftreten, in alltäglichen Vorgängen, wie bei dem Kauf einer Hose ebenso wie bei existentiellen Entscheidungen.

Wir Menschen stehen ständig vor Entscheidungen, größeren wie kleineren. Wichtig ist es dabei und insbesondere in einer Krisensituation, die einzelnen Schritte mit

Aufmerksamkeit zu gehen, um die Schwierigkeiten und die Chancen zu erkennen, und um mehr Verständnis, Erkenntnis und Mut zu erlangen. Es gilt zu lernen, unsere Zielsetzung, das was uns motiviert, zu erkennen, um uns dann aufmerksam auf den Weg zu machen und auf dieses Ziel zuzugehen.

Genau darin liegt die Intention der logotherapeutischen Arbeit. Es geht, wie Viktor Frankl es formuliert hat, um die »klare Zielerkenntnis, den ehrlichen Entschluss und um ein gewisses Training.«[6] Ebenfalls wichtig in diesem Prozess ist es, mögliche Hindernisse zu erkennen und zu lernen, mit ihnen umzugehen.

Übersicht: Die Schritte zur Sinnfindung

Zur übersichtlichen Darstellung des Prozesses habe ich im Laufe meiner Fort- und Weiterbildungstätigkeiten das unten aufgeführte Konzept erarbeitet. Ausgangspunkte dafür waren das »Sinnwahrnehmungstraining«[7] der klinischen Psychologin und Psychotherapeutin Elisabeth Lukas, einer der bekanntesten Nachfolgerinnen von Viktor Frankl, und auf die »Schritte zur Sinnerfassung«[8] des klinischen Psychologen und ärztlichen Psychotherapeuten Alfried Längle.

In dem schrittweisen Prozess geht es jeweils ausgehend von der aktuellen Situation des betreffenden Menschen und seinen Antworten auf die Frage »*Wer bin ich?*« hin zu Antworten auf die Frage »*Wer will ich sein*?«.

Die Beachtung der jeweiligen Schritte benötigt unterschiedliche Zeit und Aufmerksamkeit, je nach der vorliegenden Problematik der einzelnen Menschen und je nach dem Tempo, das er oder sie dafür benötigt.

I. WAHRNEHMEN →*Wer bin ich?*

a. Bedingungen (Schicksal)
- Welche sind meine Grenzen?
- Was ist mein aktuelles Problem?

b. Fähigkeiten und Möglichkeiten (Freiheit)
- Welche sind meine Fähigkeiten?
- Welche Möglichkeiten habe ich?
- Was ist mein Gestaltungsmaterial?

II. WERTE ERKENNEN UND ERFÜHLEN
→*Wer will ich sein?*

- Welche der Möglichkeiten hat am meisten mit mir und meiner Situation zu tun?
- Was ist das, was mich am meisten anspricht?
- Was will ich gestalten?

III. ENTSCHEIDEN

- Diese Möglichkeit will ich verwirklichen.

IV. AUSFÜHREN

- Nun will ich auch tun, wozu ich mich entschieden habe.

Zur Vertiefung einzelner Erkenntnisprozesse, zum Öffnen so mancher verschlossenen Tür setze ich, wie bereits erläutert, im Rahmen meiner psychotherapeutischen Arbeit immer wieder bildhafte Übungen ein. In den folgenden Kapiteln zeige ich im Kontext der einzelnen Schritte zur Sinnfindung einige der bildhaften Übungen auf.

Die Bildbetrachtung: Wahrnehmen – Schritt 1

»Ich fühle mich oft wie in ein ich einem dichten Nebel, den ich nicht durchdringen kann.«
»Ich laufe durch die Welt wie mit Scheuklappen.«
»Wie kann ich lernen, die Umwelt um mich herum wieder wahrzunehmen?«

Diese Aussagen treffen viele meiner Patientinnen und Patienten zu Beginn der Therapie. Gleichzeitig ist es schon im ersten Schritt der Therapie von Bedeutung »den Nebel« durchdringen zu können, das Leben mit all seinen Facetten und Möglichkeiten – wieder – wahrnehmen zu können.

Der Prozess der Wahrnehmung im Hinblick auf die einzelne Person, ihre Problematik und auch ihre Fähigkeiten und Möglichkeiten setzt grundlegende Fertigkeiten der Beteiligten voraus, der Therapeutinnen und Therapeuten, der Beraterinnen und Berater gleichermaßen wie der hilfesuchenden Menschen selbst. Diese Fertigkeiten können erworben und stetig verfeinert werden.

Eine Lehrerin bescherte dazu der Klasse meiner älteren Tochter im Grundschulalter ein einprägsames Erlebnis:
Es war in einem Wintermonat. In der Pause beobachtete die Klassenlehrerin, dass einzelne Kinder ihrer Klasse mit Stöcken auf die kahlen Zweige eines Baumes einschlugen. Die Lehrerin trat hinzu und fragte sie, warum sie auf die Äste einschlügen.
»Die sind doch tot«, war die Antwort, *»das macht denen doch nichts.«*

Am folgenden Tag ging die Lehrerin mit ihrer Schulklasse in einen nahegelegenen Wald. Sie forderte die Jungen und Mädchen auf, sich die Zweige der Bäume einmal genau anzuschauen. Sie fragte sie, ob sie die Knospen entdecken könnten, in denen die winzig kleinen Blätter und Blütenanlagen gut verpackt waren, um im kommenden Frühjahr langsam aufzugehen und dann weiterwachsen und erblühen zu können. *»Die Zweige sind nicht tot«,* erklärte sie den Kindern, *»sie halten eine Art Winterschlaf, in dem wir Menschen sie nicht stören oder gar zerstören dürfen.«*

Was war die Absicht der Lehrerin? Sie wollte den Kindern nahebringen, erst wahrzunehmen, bevor sie handeln.

Vielleicht erinnern Sie sich, liebe Leserin und lieber Leser, an den Kunstunterricht in der Schule, an das Thema »Bildbeschreibung« oder an die Aufgabe, einen Gegenstand zu zeichnen? Oder stellen Sie sich jetzt einmal gedanklich vor ein Gemälde in einem Museum: Wenn wir uns einen bestimmten Gegenstand oder ein Gemälde anschauen, wenn wir versuchen zu beschreiben, was wir sehen, dann tauchen wir mehr und mehr in das Bild hinein, wir sehen viel mehr Details als zuvor, wir erlangen einen ganz anderen Bezug dazu, als wenn wir nur flüchtig hinschauen.

»Ich möchte Augen öffnen«[9], äußerte der Bauhauslehrer und bildende Künstler Josef Albers während seiner Schaffenszeit als Künstler und als Lehrer wiederholt. Für ihn war es wichtig, dass seine Schüler lernten, die Materialien, mit denen sie arbeiten wollten, genau zu betrachten und haptisch zu erfassen, bevor sie anfingen, mit ihnen zu arbeiten.

Darin sehe ich Parallelen zu meiner Arbeit als Therapeutin und Begleiterin: Als wichtig erachte ich, dass Menschen zunächst lernen – wieder – wahrzunehmen, dass sie die eigenen »Materialien« wahrnehmen. Es ist von Bedeutung, dass sie lernen die eigene Person genau anzuschauen, auch die erlebte Vergangenheit, die persönlichen Grenzen und Hindernisse, und auch ihre persönlichen Fähigkeiten und ihre realistischen Möglichkeiten.

Die Fähigkeit der Wahrnehmung ist eine Grundvoraussetzung für wertschätzende Lebensgestaltung.

Die Übung mit den Korrekturgläsern: Die Vertiefung der Wahrnehmung

»Das Leben ist so weit weg von mir.«
»Ich kann mich auf nichts mehr richtig konzentrieren.«

So oder ähnlich beschreiben Menschen ihr vor allem depressives Lebensgefühl, wenn sie sich nur noch in geringem Maße ihren Lebensmöglichkeiten öffnen können. Dafür können viele verschiedene körperliche und/oder psychische Störungen ursächlich sein. Wie auch immer: mir ist es in den Gesprächen mit den Patientinnen und Patienten schon zu einem frühen Zeitpunkt wichtig, dass sie – wieder – ihre Augen, ihre Sinne öffnen können für das Leben, das sie umgibt.

Um dies zu vertiefen, blicke ich mit meinen Patientinnen und Patienten häufig auf den ersten Vers eines Gedichts des bereits oben erwähnten Künstlers Josef Albers. In diesem Gedicht geht es um Kunst und unseren Umgang damit. In meiner Arbeit geht es um das Leben der Patientinnen und Patienten und deren Umgang damit.

Es ist mir ein Anliegen Ihnen, liebe Leserinnen und Leser, dieses Gedicht wiederzugeben. Die »Josef and Anni Albers Foundation« erteilte mir dazu die Erlaubnis und bat mich, in diesem Buch das Gedicht in Originalformat zu zitieren.

Kunst   vorerst
ist nicht   zum ansehen
denn kunst   sieht uns an

Was andern   kunst ist
ist es nicht   ebenso für mich
oder   aus demselben grunde
und umgekehrt

Was früher   für mich
kunst war   oder nicht
mag solchen wert   wechseln
verlieren   oder gewinnen
und beides wiederholen

So ist kunst   nicht gegenstand
sondern   erlebnis

Wir nehmen kunst   wahr
wenn wir   empfänglich sind

Darum ist kunst   dort
wo kunst   Uns ergreift

Josef Albers[10]

Formuliere ich den ersten Vers im Kontext der Gespräche mit meinen Patientinnen und Patienten um, indem ich das Wort »Kunst« durch das Wort »Leben« ersetze, dann lautet dieser Vers: »Leben – vorerst – ist nicht zum Ansehen, denn Leben sieht uns an.«

Anschließend ermutige ich die Patientinnen und Patienten zu folgender Hausaufgabe:

Gehen Sie wenigstens einmal pro Tag für mindestens 10 bis 15 Minuten nach draußen, und sei es ein Spaziergang durch den eigenen Garten. Öffnen Sie dabei die Augen und versuchen Sie das, was Sie sehen, was Sie anschaut, innerlich zu beschreiben. Vielleicht stellen Sie sich dabei neben sich auch einen Menschen vor, der erblindet ist, und dem Sie beschreiben, was Sie sehen.

Um diesen Prozess der Wahrnehmung zu intensivieren, setze ich bei den Patientinnen und Patienten auch die **Übung mit den Korrekturgläsern** ein. Dazu erläutere ich ihnen:

Sie kennen möglicherweise die Situation bei einem Augenarzt oder bei einer Augenärztin. Sie möchten wieder besser sehen können. Der Arzt oder die Ärztin bittet Sie, eine Leinwand mit Buchstabenreihen anzuschauen, in der ersten Reihe große Buchstaben, in der letzten sehr kleine.

Sie schauen hin und können die Buchstaben ab der dritten Reihe kaum noch erkennen. Dann setzt Ihnen der Arzt oder die Ärztin eine sogenannte »Refraktionsbrille« auf, in die er oder sie nacheinander Korrekturgläser mit jeweils veränderten Dioptrien einschiebt, so lange, bis Sie auch die kleinen Buchstaben in der letzten Reihe gut erkennen können. Nun entsteht eine Stimmigkeit zwischen Ihnen und dem, was Ihnen gegenüber auf der Leinwand steht. Sie können es lesen, sie können es verstehen.

In gleicher Weise, so erläutere ich meinen Patientinnen und Patienten, können sie versuchen, den Nebel, der sie umgibt, ein wenig zu durchdringen, indem sie imaginär die für Sie passenden Korrekturgläser vor Ihre Augen schieben. Dies können Sie beispielsweise bei einem täglichen Spaziergang einüben. Dabei sollten Sie auch versuchen, zu beschreiben, was Sie sehen beziehungsweise was Sie anschaut.

Auch mit einer Patientin, die wegen einer mittelschweren depressiven Episode zu mir in meine Praxis kam, besprach ich die Übung mit den Korrekturgläsern. Als sie zum nächsten Termin zu mir kam, berichtete sie:

»Als ich nach unserem letzten Termin von Ihrer Praxis den Weg zum Bahnhof gegangen bin, habe ich das mit den Korrekturgläsern schon versucht. Dabei ist mir Folgendes passiert: Ich habe zum ersten Mal seit langer Zeit wieder Knospen an den Ästen gesehen. Da hat sich in mir ein unglaubliches Wohlgefühl breitgemacht. Und es hat mich angeregt, täglich meine kleinen Spaziergänge zu machen.«

Der Tritt in den Schlamm:
Die Trübung des Blickes

»Meine Ungeduld steht mir so oft im Weg.«
»Wenn ich zornig werde, dann sage ich oft etwas, was mir hinterher leidtut.«

Zu den Anlagen des Menschen zählt auch das Temperament, das jedem Menschen mitgegeben ist. Hinzu kommen die im Leben erworbenen positiven und negativen Erfahrungen, die individuelle Emotionen auslösen und einen prägenden Eindruck hinterlassen können. In emotional belastenden Situationen kann – bei dem einen Menschen mehr, bei dem anderen weniger – die Erregung so heftig sein, dass ein freier Blick auf das, was die betreffende Person gestalten und erleben will, nicht mehr gegeben ist.

Es steht außer Frage, dass manche emotionale Erregung ihren berechtigten äußeren Anlass hat und dieser genauer wahrgenommen werden sollte. Wenn jedoch ein Mensch seine wiederholt auftretenden Emotionen als persönliche Schwäche sieht und diese als hinderlich erlebt, dann rege ich ihn oder sie an, sich auf das folgende Bild einzulassen:

Stellen Sie sich vor, Sie stehen in einem seichten Wasser, das Ihnen fast bis zur Hüfte reicht. Sie stehen ganz still und beobachten in dem klaren Wasser die kleinen Fische, die um Sie herumschwimmen. Sie wollen ein Foto machen. Um eine noch bessere Perspektive zu erlangen, machen Sie auf dem morastigen Boden einen Schritt nach vorn. Das Wasser trübt sich. Sie erkennen keine Fische mehr in dem Morast. Sie können jetzt vor Enttäuschung, Wut oder Ungeduld weitere Schritte in den Boden setzen. Sie können aber auch stehen bleiben, vielleicht vier bis fünf Minuten. Der Schlamm setzt sich wieder ab und Sie haben erneut einen freien Blick in das klare Wasser.

Dieses Bild kann in manchen emotional sehr aufgeladenen Situationen helfen, besser abwarten zu können, während der oder die Betreffende auf die Uhr schaut oder die Sekunden herunterzählt, damit sich die Gefühlswallung legt und der Blick wieder frei wird für das, was jetzt von Bedeutung ist.

Werte erkennen und erfühlen
– Schritt 2

Von dem Schritt der Wahrnehmung geht der Prozess der Sinnfindung nun über in den Schritt, Werte zu erfühlen. Es gilt, etwas Wesentliches, etwas Wertvolles in der Welt, von dem sich die betreffende Person angesprochen fühlt, zu erspüren und zu erkennen. Sowohl für den hilfesuchenden Menschen als auch für Therapeuten und Berater ist dies häufig der herausforderndste der vier Schritte zur Sinnfindung. Warum ist das so? Was geschieht beim Erfühlen von Werten?

Das Erfühlen von Werten ist ein aktiver Prozess, der sich dann ereignet, wenn ein Mensch sich der Welt gegenüber öffnet und sich berühren lässt von etwas, was ihm als wichtig, als wertvoll und letztlich als sinnvoll erscheint. Diese Erkenntnis ist mit Argumenten allein nicht erfahrbar.

Am ehesten hervorzurufen ist diese Erkenntnis möglicherweise, wenn der betreffende Mensch sich an eine wichtige Entscheidung erinnert, die er getroffen und bei der er ein Gefühl der Stimmigkeit und Zufriedenheit erlebt hat. Was hat ihn damals entscheiden lassen? Es geht dabei um eine Art Gewissheit, die nur jeder einzelne Mensch intuitiv erfassen kann, die weder allein mit rationalen Argumenten gewonnen werden kann, noch mit diesen erklärbar ist.

Dieser Schritt fordert jeden Menschen in besonderem Maße heraus. Der oder die Betreffende muss in der Lage sein, sich den eigenen Möglichkeiten zu öffnen und »*all seinen Sinnen zu trauen*«, wie eine Patientin es einmal formulierte. Er oder sie muss imstande sein, gegenüber inneren und auch von außen an ihn herangetragenen Zweifeln und Gegenargumenten standzuhalten und darauf zu vertrauen, dass dieses Erfühlen, dieses Erleben von Gewissheit etwas für ihn Wertvolles in der Welt erfasst. Die betreffende Person muss darauf vertrauen können, dass er oder sie als die eine Person gemeint ist.

Therapeutinnen und Therapeuten, Beraterinnen und Berater können bei diesem Schritt nur bedingt Hilfestellung leisten. Unsere Aufgabe besteht *nicht* darin, dem hilfesuchenden Menschen aufzuzeigen, *was* für ihn oder sie in der betreffenden Lebenssituation wertvoll ist. Unsere Aufgabe besteht vielmehr darin, die Erkenntnis zu wecken, *dass* eine Person ein Wert fühlender Mensch ist, *dass* er oder sie sich im Rahmen der Bedingtheiten von den Fragen, die das Leben ihm oder ihr stellt, berühren und ansprechen lassen kann und auch will.

Viktor Frankl schrieb dazu: »Die Logotherapie versucht, den Patienten auf einen konkreten und persönlichen Sinn hinzuordnen und auszurichten. Sie ist aber nicht dazu da, dem Dasein des Patienten einen Sinn zu geben. (…) Sie erweitert das Wertgesichtsfeld des Patienten, so dass er des vollen Spektrums personaler und konkreter Sinn- und Wertmöglichkeiten gewahr wird. Aber die Logotherapie macht dem Patienten nur sein Verantwortlichsein bewusst, um ihn dann selbst entscheiden zu lassen wofür: für die Erfüllung welchen konkreten Sinnes und für die Verwirklichung welcher persönlicher Werte. (...) Es geht nicht darum, dass wir dem Patienten einen Daseinssinn geben, sondern einzig allein darum, dass wir ihn instand setzen, den Daseinssinn zu finden.«[11]

Als Therapeutinnen und Therapeuten, als Begleiterinnen und Begleiter sind wir immer wieder herausgefordert, Wege zu finden, durch die sich der hilfesuchende Mensch seinen Wertmöglichkeiten öffnen kann, die ihm helfen, den Daseinssinn zu finden. Insbesondere bei diesem Prozess können innere und auch äußere Bilder eine große Hilfe sein. So wie auch bei der folgenden Übung.

Die Übung mit dem Geschenk: Wertvoll oder unwichtig?

»Wie kann ich denn erkennen, was wertvoll ist?«
»Wie kann ich sicher sein, dass das, wofür ich mich entscheide, auch das richtige ist?«

Diese Fragen werden mir von den Patientinnen und Patienten im Rahmen der Gespräche häufig gestellt, vor allem dann, wenn der Entscheidungsdruck immer größer wird.

Eine methodische Übung dazu ist **die Übung mit dem Geschenk**. Ich beginne mit dieser Frage:

Bitte versuchen Sie sich an eine Situation in Ihrem Leben zu erinnern, in der Sie von einer anderen Person ein Geschenk erhielten. Sie entfernten das Geschenkpapier, aber sie konnten sich über das Geschenk gar nicht freuen. Welche weiteren Gefühle und Gedanken löste dies in Ihnen aus?

Einige Antwortbeispiele dazu:
»Ich kann mich an einen Pullover erinnern, der mir überhaupt nicht gefallen hat. Der war gar nicht nach meinem Geschmack.«
»Das konnte ich doch gar nicht gebrauchen.«
»Ich war traurig. Was sollte ich denn damit anfangen?«
»Da war viel Enttäuschung. Ich hatte etwas anderes erwartet.«

»Ich war auch wütend. Der andere hat sich gar keine Gedanken um mich gemacht.«

Zunächst gehe ich nicht auf die jeweiligen Antworten ein. Ich stelle eine weitere Frage:

Bitte versuchen Sie sich auch an ein Geschenk zu erinnern, über das Sie sich sehr freuten. Welche weiteren Gefühle und Gedanken löste dies in Ihnen aus?

Antworten auf diese Frage waren beispielsweise:
»Ich hatte ein Fahrrad bekommen. Das war eine wunderbare Überraschung. Nun würde mir damit vieles leichter fallen.«
»Das war genau das, was ich brauchte. Ich freute mich schon darauf, es auszupacken und aufzubauen.«
»Ich habe mich auch riesig gefreut, dass sich jemand Gedanken darüber gemacht hat, wer ich bin und was ich brauche.«

Wenn wir auf die beiden sehr unterschiedlich erlebten Situationen schauen, die sicherlich jeder Mensch schon einmal erlebt hat, dann wird Folgendes sichtbar:

Wir spüren deutlich, wenn uns ein Geschenk nicht anspricht, wenn wir damit nichts anfangen können. Diese Erlebnisse lösen häufig Gefühle wie Enttäuschung, Traurigkeit und mitunter auch Wut aus.

In anderen Situationen freuen wir uns intuitiv über etwas, mit dem wir etwas anfangen können, bei dem sofort aufscheint, was wir damit in der Zukunft tun und erleben wollen.

Wie vollzieht sich dieser Erkenntnisprozess?

Etwas spricht uns an, ein Geschenk, ein Gegenstand oder ein Ereignis, das wir in unsere Hände nehmen wollen, auf das wir zugehen wollen, bei dem wir künftiges Tun und Erleben in Gedanken schon vorwegnehmen. Das, was uns anspricht, hat wesentlich mit uns zu tun, gleichzeitig mit etwas Wertvollem in der Welt, das uns innerlich in Bewegung setzt. Dabei geht es um ein *intentionales Fühlen* als einen nach außen, auf einen Wert hin gerichteten Prozess. »Intentionalität gehört zum Wesen des menschlichen Daseins«, formulierte Viktor Frankl.[12] Mit dieser Formulierung bezog sich Frankl auf die Wertlehre des Philosophen Max Scheler, der zwischen dem naturhaften »zuständlichen Gefühl« und dem auf Werte gerichteten »intentionalen Fühlen« unterschied.[13] Das intentionale Fühlen, das Angesprochenwerden von etwas Wertvollem außerhalb von uns selbst erleben wir Menschen demnach ganz anders als ein zuständliches Gefühl, beispielsweise wenn wir enttäuscht, traurig oder wütend sind. Bei einem zuständlichen Gefühl öffnen wir uns nicht, wir erleben ein Gefühl in uns, das sich zunächst nur auf uns selbst richtet.

Erinnern wir uns an ein Geschenk, das wir von einem anderen Menschen erhalten haben, dann kann das jeweilige Erleben sicherlich auch mit der anderen Person zusammenhängen, die sich entweder keine Gedanken um mich oder umgekehrt viele Gedanken um mich gemacht hat. Bei der Übung mit dem Geschenk ist dieser Aspekt zunächst nicht vorrangig. Möglicherweise kann er zu einem späteren Zeitpunkt aufgegriffen werden. Wesentlich ist bei dieser Übung das Nacherleben von einem Geschenk, von einem »Gegenstand«, von dem sich der oder die Beschenkte angesprochen fühlte und der die Intention auslöste, damit künftig etwas anfangen zu wollen, um damit aktiv eine Zeit seines Lebens zu verbringen.

Eine kleine, persönlich erlebte Geschichte kann dieses veranschaulichen.

Es war Weihnachten, wir packten unsere Geschenke aus. Zwei meiner Brüder nahmen fast zeitgleich ihre ähnlich großen Pakete in die Hand und entfernten das Geschenkpapier. Beide machten lange Gesichter. *»Ein Chemie-Baukasten, was soll ich denn damit«,* äußerte der ältere Bruder. Nicht weniger enttäuscht äußerte sich der jüngere Bruder über den neuen Elektronik-Baukasten.

Dann schauten sie sich an, ein Lächeln tauchte in beiden Gesichtern auf, sie hatten einander schon verstanden und tauschten glücklich die beiden Geschenke. Es dauerte nicht lange, bis beide intensiv mit dem Inhalt ihrer jeweiligen Baukästen beschäftigt waren.

Jeder Mensch wird von etwas anderem angesprochen, jeder Mensch erlebt etwas anderes als wertvoll. Dieses individuelle Erkennen ist nach außen hin nicht beweisbar, wohl aber für jeden Menschen wesentlich erfahrbar. Betrachten wir nochmals das Beispiel meiner Brüder und ihrer Weihnachtsgeschenke: Inwieweit reichen Argumente aus, um zu beweisen, dass der jeweils andere Baukasten in ganz anderer Weise Motivationen auslöste, sich damit befassen zu wollen?

In jeder Situation unseres Lebens begegnen uns Geschenke im Sinne von realistisch gegebenen Möglichkeiten, die uns ansprechen, die wir als wertvoll erachten und auch realisieren wollen. Um einem Missverständnis vorzubeugen: es geht dabei nicht immer um eine Möglichkeit, die Freude auslöst. Eine wertvolle Aufgabe bedeutet immer in gleichem Maße Geben und Nehmen. Etwas, das uns gegeben wird, bringt auch die Verantwortung mit sich, achtsam und aufmerksam mit der jeweiligen Aufgabe umzugehen, sie wertschätzend zu gestalten. Dies gilt für kleine alltägliche Aufgaben wie für bedeutsame Lebensaufgaben. Zum Beispiel erfordert ein Kleidungsstück, abgesehen von dem Kaufpreis, den wir bezahlen müssen, eine sorgfältige Behandlung. Wenn wir etwas erleben wollen, uns zum Beispiel auf einer Wanderung befinden oder einem Konzert lauschen, dann haben wir die Aufgabe, uns der Natur oder der Musik gegenüber zu öffnen. Eine ganz andere und bedeutsamere Lebensaufgabe erhalten beispielsweise Eltern, wenn sie ein Kind »geschenkt« bekommen. Dieses Kind ist Anlass zur Freude, gleichzeitig wird den Eltern eine große Aufgabe und viel Verantwortung mitgegeben.

Viktor Frankl: »Das Leben selbst ist es, das dem Menschen Fragen stellt. Er hat nicht zu fragen, er ist vielmehr der vom Leben her Befragte, der dem Leben zu antworten – das Leben zu ver-antworten hat.«14

Gleichzeitig, und dies ist eine Grundannahme der Logotherapie, *wollen* wir Menschen Verantwortung übernehmen. Wir *wollen* aktiv und eigenständig das gestalten, was uns anspricht, was uns gegeben wird. Wenn wir uns den Dingen in der Welt öffnen, dann spüren wir mit der Stimme unseres Herzens oder auch mit der Stimme unseres Gewissens, was wir jeweils als eine wertvolle Möglichkeit erleben, mit der wir etwas anfangen wollen und die wir aktiv gestalten wollen.

In Verbindung mit der Übung zu einem Geschenk gebe ich meinen Patientinnen und Patienten häufig eine Anregung als Hausaufgabe mit:

Versuchen Sie, in Ihrem Alltag näher auf das zu schauen, was Ihnen gegeben ist und was Ihnen gegeben wird. Können Sie dabei auch – und seien es nur Kleinigkeiten – etwas als Geschenk begreifen, das von Ihnen in den Blick und in die Hände genommen werden will und das Sie aktiv gestalten wollen?

Die Übung mit der Knete:
Sowieso ist nicht egal

»Ist doch egal.«
»Das bringt doch sowieso nichts.«
»Was macht es für einen Unterschied, wenn ich das jetzt tue?«

So oder so ähnlich schildern mir Menschen immer wieder ihr Erleben, wenn wir uns im Schritt 2 dem Erfühlen von Werten nähern. Sie werden durch ein Erleben von Gleichgültigkeit ausgebremst. Möglicherweise schwingt in den oben genannten Äußerungen bei dem einen oder anderen auch ein Gefühl von Sinnlosigkeit mit. Vor allem aber wird zunächst deutlich: die Betreffenden fühlen sich nicht angesprochen von etwas, das in der Welt auf sie wartet, um von Ihnen gestaltet zu werden.

Schauen wir uns noch einmal die Abfolge der Schritte zur Sinnfindung an. Bei jedem dieser Schritte können die oben zitierten Gedanken hinderlich sein, auch bei dem Einkauf eines Kleidungsstückes. Sehr häufig ist es dann nicht angebracht, diese Gedanken und Äußerungen durch Überlegungen oder durch Argumentieren weiter zu hinterfragen, vor allem wenn etwas laut der Äußerung der Patientin oder des Patienten »sowieso« egal ist. Denn zu jedem Argument gibt es ein Gegenargument. Vielmehr erscheint es mir an dieser Stelle wichtig, einen Menschen berühren zu können in der Weise, dass er oder sie sich von etwas Wertvollem in der Welt persönlich angesprochen erlebt.

Als praktische Arbeit lade ich deshalb zu der **Übung mit der Knete** ein. Wenn Sie, liebe Leserin, lieber Leser, gerade kein Knetmaterial zur Hand haben, können Sie die Übung auch gedanklich nachvollziehen.

Aus meinem Vorrat wähle ich ein Stück Knete, reiche sie der Patientin oder dem Patienten und rege dazu an, aus diesem Material etwas Gegenständliches zu formen. Dabei erläutere ich auch, dass es mir nicht wichtig ist, *was* der oder die Betreffende gestaltet, dass ich die Figur nicht bewerten oder gar deuten werde. Vielmehr kommt es mir darauf an, *dass* er oder sie etwas gestaltet. Ich gebe eine bestimmte Zeit vor.

Zumeist verlasse ich in dieser Zeit den Raum, damit der oder die Betreffende in der Zwischenzeit in Ruhe und unbeobachtet die Knete in eine Form umwandeln kann.

Wenn ich den Raum wieder betrete, dann liegt fast immer eine geformte Figur vor dem Patienten/der Patientin auf dem Tisch. Zunächst bitte ich ihn/sie zu schildern, wie es ihm/ihr mit der Aufgabenstellung ergangen ist.

Ein Beispiel, wie Betreffende antworteten:

»Zuerst habe ich gedacht, mir fällt gar nichts ein, was ich gestalten könnte. Ich fand auch die Farbe der Knete nicht so toll, ich hätte lieber die rote Farbe gehabt. Aber dann habe ich angefangen, die Knete in meiner Hand zu kneten. Und dann habe ich diese Schale hier mit den zwei kleinen Kugeln darin geformt.«

Und wie ging es Ihnen, während Sie die Form gestalteten?

»Mir ging es gut. Es hat sogar ein wenig Spaß gemacht.«

Und wie geht es Ihnen jetzt, nachdem die Form fertig ist?

»Ist auch o. k. Ich habe jetzt sogar noch andere Ideen.«

Mannigfache weitere Antworten und Schilderungen auf meine Fragen sind denkbar, je nach dem Erleben der jeweiligen Person. Zum Beispiel: »*Mit Knete habe ich nie gerne gearbeitet. Es hat mir auch jetzt keinen Spaß gemacht.*« Oder: »*Ich bin nicht zufrieden mit dem, was ich gemacht habe. Ich hätte mir mehr Mühe geben können.*« Diese Schilderungen können aufgegriffen und möglicherweise weiter besprochen werden – allerdings zu einem späteren Zeitpunkt. Zunächst stelle ich weitere Fragen zu der Übung, um den Umgang mit jeweils gegebenen Lebenssituationen und den Gestaltungsmöglichkeiten sichtbar zu machen:

Versuchen Sie bitte weitere Möglichkeiten aufzuzählen, die Sie hätten umsetzen können, als das Stück Knete vor Ihnen lag.

Meistens nennen die Patientinnen und Patienten weitere Figuren, die sie hätten formen können. Dabei wird schnell deutlich: Alle Möglichkeiten der Gestaltung können wir nicht benennen, denn es gibt unzählig viele Formen und Figuren, die immer wieder anders und einzigartig gestaltet werden können, so wie die Figur, die jetzt vor uns liegt.

Nun stelle ich eine weitere Frage:

Können Sie auch Grenzen bei Ihrem Tun erkennen?

Die Antworten sind auch hier vielfältig. Die Menge der Knete war begrenzt, die Farbe war durch mich vorgegeben, die Zeit war begrenzt. Auch bringt jeder Mensch unterschiedliche Fähigkeiten und Erfahrungen im Hinblick auf kreative Gestaltung mit. Vielleicht liegt sogar eine Allergie auf das Material vor, so dass eine Arbeit mit diesem Material gar nicht möglich war.

Welche Möglichkeiten hatten Sie darüber hinaus, wie sie sich hätten verhalten können mit dem Material der Knete?

Wieder gibt es viele Möglichkeiten: Der oder die Betreffende hätte die Knete unberührt liegen lassen können. Er oder sie hätte beispielsweise auch die Wände meiner Praxis damit beschmieren oder sie mir an den Kopf werfen können.

Dazu stelle ich eine weitere Frage:

Wäre es gleichgültig gewesen, ob Sie etwas gestaltet hätten, wie Sie es ja auch hier getan haben, oder ob Sie die Knete unberührt hätten liegen lassen?

An dieser Stelle tritt ganz oft die Erkenntnis ein: Es ist nicht gleich-gültig, nicht egal, ob wir das uns gegebene Lebensmaterial gestalten oder unberührt liegen, ja, sogar an uns vorbeiziehen lassen. Denn die Zeit fließt weiter und so manche Gelegenheit ergibt sich kein zweites Mal.

Eine Patientin reagierte nach diesen Überlegungen sehr erschrocken. Sie hatte die Knete in der vorgegebenen Zeit nicht angerührt, wollte anschließend dann doch damit etwas gestalten, aber die unberührte Knete hatte ich zuvor schon an mich genommen. »*Diese Möglichkeit hatten Sie vorhin, nun aber nicht mehr*«, erklärte ich ihr.

Eine weitere Frage schließe ich an:

Wäre es gleichgültig gewesen, ob Sie etwas gestaltet hätten, so wie diese vorliegende Figur hier, oder ob Sie mir die Knete an den Kopf geworfen hätten?

Diese Frage führt oft zu einer weiteren Erkenntnis: Wenn wir genau hinschauen, dann können wir erkennen, dass wir im Laufe unseres Lebens nur eine begrenzte Anzahl an Menschen kennenlernen. Es ist nicht gleichgültig, wie wir mit anderen Menschen umgehen, insbesondere mit denen, zu denen wir eine tiefere Beziehung aufbauen wollen.

Das Leben bietet jedem Menschen im Sinne der Freiheit viele Möglichkeiten der Gestaltung. Gleichzeitig sind diese Möglichkeiten begrenzt. Begrenzt sind sie zunächst durch äußere und innere Gegebenheiten, so wie in der Übung mit der Knete durch die Menge und die Farbe des Materials, möglicherweise auch durch eigene Zweifel oder Unfähigkeiten. Vor allem aber sind unsere Möglichkeiten eingeschränkt durch unsere Verantwortung. Unser Leben ist endlich, und als einzigartiger Mensch in einer je einmaligen Situation sind wir nicht vertretbar. Vielleicht wollen wir auch gar nicht vertretbar sein. Vielleicht wollen wir unsere persönlichen Antworten geben auf die Fragen, die uns das Leben im Sinne unserer Verantwortung stellt.

Dazu schrieb Viktor Frankl: »Sinnfindung läuft auf eine Gestaltwahrnehmung hinaus. (...) Was bei der Sinnfindung jeweils wahrgenommen wird, ist – auf dem Hintergrund der Wirklichkeit – eine Möglichkeit: die Möglichkeit, die Wirklichkeit – so oder so – zu verändern.«[15]

So oder so? Das ist nicht egal. Es ist von Bedeutung, *ein* »So« zu gestalten, um immer wieder die Sinnhaftigkeit des Lebens erfahren zu können.

Die Übung mit der Knete macht spürbar, dass es angesichts der Endlichkeit des Lebens einen Unterschied macht, ob und was wir als einzigartiger Mensch in einer einmaligen Situation gestalten.

Die Übung mit dem Schreibtisch: Ordnen und gestalten

»Wie gestalten Sie derzeit Ihren Alltag?«, fragte ich einen Patienten. Er überlegte eine Weile, deutete dann auf meinen Schreibtisch und sagte: *»Sehen Sie, Ihr Schreibtisch*

*ist so aufgeräumt. Ganz anders als meiner. Da ist ein gro-
ßes Durcheinander. So müssen Sie sich auch meinen Alltag vorstellen. Da ist keine Ordnung. Ich habe den Durchblick nicht mehr.«*

Dieses Gespräch ereignete sich vor einigen Jahren in meiner Praxis. Der Patient verglich die Unordnung und den
fehlenden Durchblick in seinem Leben mit dem Durcheinander auf seinem Schreibtisch. In unserer weiteren Arbeit
erkannte er noch vieles mehr im Hinblick auf sein eigenes
Leben, indem er sein Verhalten an seinem Schreibtisch mit
seinem Leben verglich.

Daraufhin stellte ich grundsätzliche Überlegungen an:
Inwieweit ist das Leben an und mit einem Schreibtisch tatsächlich vergleichbar mit unserem alltäglichen Leben?

Dies führte zu der Frage: Wofür benötigen wir Menschen einen Schreibtisch? Welche Funktionen soll er erfüllen?

Ein Schreibtisch hat vor allem zwei Funktionen: Zum
einen bietet er mit seiner Ablagefläche, seinen Fächern
und Schubläden den nötigen Raum, um *Ordnung* zu schaffen und eine Übersicht über die Arbeitsunterlagen zu erhalten. Darüber hinaus bietet er mit seiner Arbeitsfläche
die Möglichkeit, dort aktiv etwas zu *gestalten*.

Inwieweit ist ein Schreibtisch, an dem gearbeitet wird vergleichbar mit unserem Leben?

Ein Schreibtisch, an dem ein Mensch tätig ist, ist in hohem Maße vergleichbar mit unserem Leben. Bei einem
Schreibtisch kommt täglich etwas hinzu: Briefe, Aufträge,
Rechnungen, Hausaufgaben usw. Zunächst haben wir
Ordnung zu schaffen; wir überlegen und entscheiden: Was
behalte ich auf dem Schreibtisch, was kommt in den Papierkorb und was sortiere ich wo ein? Dann geht es darum,

das an dem Schreibtisch zu tun, was der Betreffende jetzt erledigen will, wobei er möglicherweise zuvor eine Reihenfolge im Sinne einer Prioritätenliste erstellen muss.

Auch in unserem Leben kommt jeden Tag etwas hinzu. Und auch in unserem Alltag ist es wichtig, immer wieder eine gewisse Ordnung zu schaffen um genügend Übersicht und Raum herzustellen, um *»eine gewisse Struktur zu schaffen«*, so nannte es eine Patientin. Zugleich ist es in unserem täglichen Leben wichtig, dass wir – im Rahmen der geschaffenen Ordnung – das in unseren Blick und in unsere Hände nehmen, was darauf wartet, von uns gestaltet zu werden.

Ordnung und Gestaltung sollten in unserem Leben in einem guten Gleichgewicht stehen. Was bedeutet hier »gutes Gleichgewicht«?

Damit die Patientinnen und Patienten ihre persönlichen Antworten finden können, setze ich die **Übung mit dem Schreibtisch** ein. Zunächst stelle ich wie oben dargestellt einzelne Fragen zu den Funktionen eines Schreibtisches. Dann lenke ich den Blick auf den eigenen Schreibtisch des Patienten / der Patientin und stelle Fragen dazu.

Schauen Sie bitte einmal genauer hin und beschreiben Sie Ihre Tätigkeiten an Ihrem eigenen Schreibtisch. In der Gesamtheit, bei allem, was Sie an diesem Schreibtisch tun, sitzen Sie eher gerne oder eher nicht gerne dort?

Sehr häufig lautet die Antwort: *»Eigentlich eher gerne, auch wenn mich bestimmte Arbeiten manchmal auch nerven.«*

In Einzelfällen erfolgt auch die Antwort: *»Ich sitze zumeist nicht gerne dort«* oder auch: *»Die ganze Arbeit da macht mir keinen Spaß«*.

Auf die Antworten gehe ich noch nicht ein. Ich versichere aber, dass ich dies zu einem späteren Zeitpunkt tun werde. Ich rege vorerst zu einer weiteren Überlegung an:

Stellen Sie sich bitte vor, die Sache mit der Ordnung wäre Ihnen so lästig, dass Sie eine andere Person bitten würden, Ihren Schreibtisch aufzuräumen. Würden Sie das wollen?

Zumeist folgt der Ausruf: »*Nein, auf keinen Fall!*«

Warum nicht?

»*Ich würde womöglich nichts mehr wiederfinden.*«
   »*Das ist meine Ordnung!*«
»*Weil ich nicht will, dass jemand in meinen persönlichen Sachen herumwühlt.*«
   »*Das ist privat, das bin ich!*«

Die Antworten zeigen: Jeder Mensch hat seine Ordnung, um das wiederzufinden, was er oder sie braucht, und verbindet mit Dingen, die auf oder in seinem/ihrem Schreibtisch liegen, etwas anderes. Für den einen bedeutet beispielsweise eine beschriebene Ansichtskarte gar nichts, für eine andere Person ist sie sehr wertvoll; sie würde die Karte niemals in den Papierkorb werfen.
   Dann schließe ich eine weitere Überlegung an:

Stellen Sie sich bitte einmal vor, Sie würden Ihren Schreibtisch nicht nur von einer anderen Person aufräumen lassen, Sie würden diese Person an Ihrem Schreibtisch auch all das erledigen lassen, was Sie dort täglich zu tun haben? Würden Sie das wollen?

Die Antworten dazu sind beispielsweise:

»Nein, das kann ein anderer auch gar nicht.«

»Spontan habe ich erst gedacht, das kann jemand anderes machen. Aber das geht ja gar nicht. Denn dann bliebe ja gar nichts mehr, was mich ausmacht.«

»Ich glaube, da muss ich jetzt differenzieren zwischen dem, was ich nicht machen will, was einfach zu viel ist, und dem, was ich keinesfalls jemanden anderen machen lassen will.«

»Nein, das will ich nicht, weil ich dann nicht wüsste: Wer bin ich dann?«

»Dann ist es nicht mehr mein Leben. Dann gibt es keinen Platz mehr für mich.«

Anschließend gehen wir von dem Bild des Schreibtisches über zu der Lebensgestaltung des einzelnen Menschen:

Erweitern Sie bitte die Überlegung: »Was will ich mir an meinem Schreibtisch nicht nehmen lassen?« zu der Frage: »Was will ich mir an meinem Lebensschreibtisch, also in meinem Leben, nicht nehmen lassen?« Welche Antworten würden Sie darauf geben?

Die Antworten auf diese Frage fallen mitunter nicht leicht. Häufig gebe ich Hilfestellungen, indem ich zum Beispiel frage:

Was möchten Sie nicht missen?
Was ist Ihnen wichtig?
Was würde Ihnen wehtun, wenn es Ihnen genommen würde?

Mit den Antworten auf die Frage, was ein Mensch sich in seinem Leben nicht nehmen lassen will, nimmt der oder die Betreffende immer mehr das in den Blick, was ihm/ihr als wertvoll erscheint, was *»mich und mein Leben* *ausmacht*«, wie es ein Patient formulierte. Es geht bei der Suche nach Antworten um die Erkenntnis: Ich will mir dieses und jenes in meinem Leben nicht nehmen lassen, weil es eine Bedeutung, einen Wert für mich hat. Auch wenn es möglicherweise mit Anstrengungen verbunden ist, es ist ein wichtiger Teil meines Lebens und damit auch meiner Person.

Im anschließenden Gespräch kann nun vieles von dem, was zuvor im Zusammenhang mit der Schreibtischarbeit von dem Patienten oder der Patientin geäußert wurde, aufgegriffen und im Hinblick auf das eigene Leben besprochen werden.

Es kommt allerdings auch vor, dass ein Mensch auf die Frage, was er oder sie sich auf dem persönlichen Schreibtisch und auch in seinem oder ihrem Leben nicht nehmen lassen will, keine konstruktiven Antworten geben kann. Wenn dann unverändert eine gleichgültige Haltung sichtbar wird, beispielsweise durch Äußerungen wie »*Ist doch egal*«, dann kann dies ein deutliches Warnzeichen dafür sein, dass eine schwere depressive Erkrankung oder sogar Lebensmüdigkeit vorliegt. Für mich persönlich bedeutet dies dann, dass der oder die Betreffende weitere Hilfen benötigt, möglicherweise in Form von medikamentöser Unterstützung und/oder weiterführender professioneller Hilfe durch eine psychiatrische Therapie.

Die Übung mit dem Schreibtisch macht erkennbar: Das Leben an und mit einem Schreibtisch ist vergleichbar mit unserem täglichen Leben. Durch den Blick auf den Schreibtisch wird die Bedeutung der Ausgewogenheit von Ordnung und Gestaltung im Leben sichtbar. Denn, wenn auf und in einem Schreibtisch nur noch Unordnung und Durcheinander herrschen, wenn sich die Materialien auf dem Tisch unübersichtlich angehäuft haben, dann ist es nicht mehr möglich, dort konstruktiv etwas zu gestalten. Wenn umgekehrt einem Menschen im überwiegenden Maße die Ordnung und Sauberkeit auf seinem Schreibtisch wichtig sind, dann nimmt er oder sie zu wenig das in den Blick und in die Hände, was er oder sie dort eigentlich gestalten kann und will.

»Ordnung ist das halbe Leben«, heißt ein altes Sprichwort. Und woraus besteht die andere Hälfte? Es geht bei der Ordnung in unserem Leben nicht um Ordnung als Selbstzweck. Es geht um *sinnvolle* Ordnung, um eine Ordnung, die die betreffende Person zu einem großen Teil selbstständig schafft, um die Übersicht und den Raum für das zu erhalten, was er oder sie selbst gestalten kann und will – das, was der betreffenden Person als wertvoll und sinnvoll erscheint, was er oder sie sich nicht nehmen lassen will.

Das Sprungbrett: Entscheiden – Schritt 3

»Ich bin ganz oft unsicher, wie ich mich entscheiden soll.«
»Ich habe Angst, dass ich mich für etwas entscheide, was ich eigentlich gar nicht will.«
»Ich habe Angst, dass ich mit meiner Entscheidung andere Menschen enttäusche.«

So oder ähnlich äußern es meine Patientinnen und Patienten.

Jeder Tag, fast jede Stunde unseres Wachseins fordert von uns Menschen Entscheidungen, mal kleinere und unbedeutendere, dann wieder größere und bedeutsamere.

Beim eingangs aufgezeigten Hosenkauf (siehe Kapitel »Der Hosenkauf: Die Schritte zur Sinnfindung«) ist dieser Schritt der Entscheidung vergleichsweise klein und nicht so bedeutsam. Es sei denn, die Hose, die der betreffenden Person am besten gefällt, hat einen so hohen Preis, dass dieser ein großes, vielleicht ein zu großes Loch in das Portemonnaie reißen würde. Vielleicht fragt sich die Person auch ständig, ob sie anderen Menschen in einer der Hosen gefallen würde. Sollte er oder sie sich dazu entschließen, gar keine Hose zu kaufen, dann wäre auch dies eine Entscheidung.

Warum fällt es uns Menschen oft schwer, Entscheidungen zu treffen? – Unser Leben ist endlich. Wir sehen uns immer wieder mehreren realistischen Möglichkeiten gegenüber, die wir ergreifen und gestalten könnten, von denen wir aber in einer einzelnen Situation jeweils nur eine realisieren können.

Erich Fromm schreibt dazu: »Zwar trägt jeder Mensch die Fülle der menschlichen Möglichkeiten in sich, jedoch erlaubt seine kurze Lebensspanne auch unter den günstigsten Bedingungen nicht ihre volle Verwirklichung.«[16]
Wenn ein Mensch eine Entscheidung getroffen hat, dann geht er anschießend auf *eine* Sache zu, von den anderen Möglichkeiten scheidet beziehungsweise trennt er sich. Dieser Prozess des Loslassens kann mit vielfältigen Schmerzen verbunden sein.

Ähnliches erleben wir Menschen auch bei einem Wertekonflikt, bei dem ein Mensch sich zwischen zwei existentiell wichtigen und für ihn gleichwertig erscheinenden Möglichkeiten entscheiden muss. Dies muss er oder sie tun, denn sonst entscheidet die Begrenztheit der Zeit für ihn, für sie.

Eine Entscheidung fordert Konsequenzen. Beim Kauf eines Gegenstandes haben wir an der Kasse einen Preis zu zahlen, ebenso, wie wir im übertragenen Sinn bei allen Entscheidungen in unserem Leben einen Preis zu zahlen haben. Wie gehen wir mit unserer Entscheidung in die Welt hinein? Wir können schließlich niemals zu hundert Prozent sicher sein, dass das, wofür wir uns entscheiden, auch wirklich so gelingen wird, wie wir es uns vorgestellt haben.

Zusätzlich kann der Gedanke, mit der getroffenen Entscheidung möglicherweise in den Augen anderer Menschen eine falsche Entscheidung zu treffen, den Entscheidungsprozess erschweren. Wir Menschen wollen geliebt und geachtet sein, wir wollen nicht, dass wir aufgrund unserer Entscheidung aus der Gemeinschaft anderer ausgeschlossen werden.

Erich Fromm formulierte dazu: »Der Mensch ist allein und zugleich steht er in Beziehung. Er ist insofern allein, als er ein einmaliges Wesen ist, das mit keinem anderen

identisch ist, und dass sich seiner selbst als einer selbstän-
digen Größe bewusst ist. (…) Und doch kann er es nicht
ertragen, allein zu sein und ohne Beziehung zu seinen
Nächsten.«[17]
Wir Menschen erleben uns zwischen den gegensätzli-
chen Polen von Lebendigkeit und Endlichkeit einerseits
und Individualität und Gemeinschaft andererseits. Wir stehen inmitten dieser Gegensätze und haben Entscheidungen
zu treffen, ohne jeweils hundertprozentig sicher zu sein,
ob uns das, wofür wir uns entscheiden, auch gelingen und
unser Leben bereichern wird.
Aus diesen Überlegungen heraus wird verständlich,
dass die Erkenntnis eines Menschen, dass eine Möglichkeit die für ihn wertvollste ist, nicht automatisch auch eine
Entscheidung für diese eine Möglichkeit hervorruft. Viele
Hindernisse können sich dieser Entscheidung in den Weg
stellen. Dann benötigt die betreffende Person für den
Übergang von der Werterkenntnis bis zur Entscheidung
eine angemessene Zeit, die Hindernisse erkennen zu können, und zu lernen, mit ihnen umzugehen, um anschließend eine klare Entscheidung treffen zu können.

Um den Prozess der Entscheidungsfindung zu unterstützen, beziehe ich zumeist die **Übung mit dem Sprungbrett**
in die Gespräche mit den Patientinnen und Patienten ein.
Dabei rege ich sie an, sich die Situation mit dem Sprungbrett vorzustellen, und ich stelle Fragen dazu. Gemeinsam
erarbeiten wir die Antworten:

Stellen Sie sich folgende Situation vor: Eine Person steht erst-
malig in einem Schwimmbad auf einem fünf Meter hohen
Sprungbrett. Vielleicht haben Sie selber auch schon einmal auf
dem Sprungbrett gestanden. Was kann die Person in dieser Situation grundsätzlich tun?

- Sie kann in das Wasser springen,
- die Leiter wieder hinuntergehen
- oder zunächst auf dem Brett stehen bleiben.

Schauen wir uns diese drei Möglichkeiten genauer an: Was kann einen Menschen motivieren, den Sprung in das Wasser zu wagen?

- Der Mut, etwas Neues zu wagen, eine neue Erfahrung zu machen.
- Die Vorfreude auf den freien Fall.
- Die Absicht, sich und/oder anderen Menschen etwas zu beweisen.

Welche Gefühle und Gedanken können den Sprung in das Wasser erschweren?

- Die Angst vor dem Neuen, vor der Ungewissheit.
- Die Angst vor dem freien Fall.
- Die Angst, falsch aufzukommen und vor Schmerzen beim Aufprall.
- Die Unsicherheit, ob der oder die Betreffende es nach dem Sprung wieder an die Wasseroberfläche schafft.
- Die Angst, sich zu schnell und unüberlegt für den Sprung entschieden zu haben.
- Angst vor dem Scheitern, wenn der Sprung in den Augen der Zuschauer zu ungelenk erscheint.

Welche Gefühle und Gedanken können mit der Überlegung verbunden sein, die Leiter wieder hinabzusteigen?

- Der Abstieg wird als der richtige Weg erkannt.
- Der Abstieg erscheint sicherer als der Sprung in das Wasser.

- Unbehagen bei dem Gedanken, den Sprung dann nicht – möglicherweise nie mehr? – erleben zu können.
- Gefühl von eigenem Versagen, wenn der Abstieg und nicht der Sprung gewählt wird.
- Angst vor dem Versagen in den Augen anderer. Angst, ausgelacht zu werden, sich zu blamieren.
- Angst vor dem gefahrvollen Abstieg der fünf Meter hohen Leiter.

Die dritte Möglichkeit, auf dem Brett oben stehen zu bleiben, ist keine dauerhafte Lösung im Hinblick auf eine letztendliche Entscheidung. In dieser konkreten Situation kann es bei zu langem Warten passieren, dass der Bademeister zu einer Entscheidung drängt, dass weitere Personen drängeln oder den oder die Betreffende sogar das Brett hinunterstoßen. Wer eine solche Situation, oben länger auf dem Brett stehen zu bleiben, schon einmal erlebt hat, der kann sich sicherlich erinnern, dass das viele Warten und Überlegen eher unsicherer macht. Selbst wenn die Person auch nach Schließung des Schwimmbades immer noch da oben verweilen sollte, dann würde es ihm oder ihr irgendwann zu kalt werden, der Hunger nähme zu. Der Körper verlangte nach Fürsorge. Sehr lange könnte der oder die Betreffende nicht auf dem Brett stehen bleiben. Grundsätzlich drängt die Zeit; er oder sie muss sich entscheiden.

Nach diesen Überlegungen rege ich die Patientin oder den Patienten an, die Sprungbrett-Situation auf die aktuelle persönliche Lebens- und Entscheidungssituation zu übertragen. Dabei beginne ich mit der Frage:

Wie ist es dazu gekommen, dass diese Person dort oben auf dem Sprungbrett steht, sie ist ja nicht einfach dort hingestellt worden. Mit anderen Worten: Wie sind Sie dort oben hingekommen, wie sind Sie in Ihre Situation der Entscheidung geraten?

Nicht irgendeine Person steht dort auf dem Sprungbrett, sondern der bestimmte Mensch mit seiner persönlichen Lebensgeschichte. Bei jedem Menschen sind es sowohl eigene als auch äußere Einflüsse, durch die er oder sie in die jetzige Situation gelangt ist. Viktor Frankl spricht in diesem Zusammenhang auch von dem Schicksal des Menschen: »Das Schicksal gehört zum Menschen wie der Boden, an den ihn die Schwerkraft fesselt, ohne die aber das Gehen unmöglich wäre. Zu unserem Schicksal haben wir zu stehen wie zu dem Boden, auf dem wir stehen – ein Boden, der das Sprungbrett unserer Freiheit ist.«[18]

Jeder Mensch hat die Freiheit, sich zu entscheiden. Aber zuvor sollte er oder sie, wenn die Entscheidung für den nächsten Schritt schwerfällt, genauer hinschauen, an welcher Stelle er oder sie jetzt in seinem Leben steht, bevor er oder sie sich für ein Ziel und damit den weiteren Weg entscheidet.

Ein Beispiel veranschaulicht diese Abfolge:

Sonja L. bat um Gespräche in meiner Praxis für eine Unterstützung in einer Entscheidungssituation. Sie berichtete, dass sie vor wenigen Monaten ihr Studium mit dem Examen abgeschlossen habe. In der Zwischenzeit habe sie sich an mehreren Universitäten um eine Stelle beworben. Von einer weiter entfernten Universität habe sie eine Zusage erhalten, sogar mit der Möglichkeit, dort auch ihre Doktorarbeit zu schreiben. Einerseits interessiere sie das sehr, andererseits sei sie doch sehr unsicher, ob sie diese Stelle annehmen solle. Sie habe nur noch wenig Zeit bis zu ihrer Entscheidung, und je länger sie über die beiden Möglichkeiten nachdenke, umso unsicherer werde sie. Sie schlafe ganz schlecht, der Appetit sei ihr vergangen, sie sei erschrocken, wie wenig sie sich zurzeit auf etwas konzentrieren könne; sogar das Lesen falle ihr schwer.

Nachdem ich sie in die Übung mit dem Sprungbrett eingeführt hatte, stellte ich auch ihr die Frage, wie sie in ihre gegenwärtige Situation der Entscheidung gelangt sei. Sie schilderte ihre Studienzeit und die anschließenden Bewerbungen eingehender. Dann äußerte sie: *»Ich selber bin in diese Situation gekommen. Ich wollte eine berufliche Herausforderung, ich habe mich aus eigenen Stücken beworben.«*

»Und wo befinden Sie sich jetzt, wenn Sie Ihre Situation mit der auf dem Sprungbrett vergleichen?«, fragte ich.

»Ich stehe auf dem Brett und zögere.«

»Was würde für Sie analog zu dem Bild der Sprung von dem Brett bedeuten?«

»Wenn ich die Stelle annehmen würde. Das wäre für mich wie ein Sprung ins kalte Wasser. Dann würden viele Veränderungen und Herausforderungen auf mich zukommen.« Sie äußerte, dass sie sich gar nicht sicher sei, ob sie der Stelle gewachsen sei, und ob sie es schaffen würde, einen neuen Bekanntenkreis aufzubauen. Sie wäre dann auch viel weiter weg von ihrer Familie und ihren Bekannten. Ihren Freund könne sie dann höchstens am Wochenende treffen, und sie wisse nicht, ob ihre Beziehung diese Entfernung aushalten könne. Andererseits – diese Stelle sei wie für sie gemacht, so, wie sie es sich immer erträumt habe. Aber diese Zweifel…

Nun bat ich sie, ihre Situation wieder auf die Sprungbrettsituation zu übertragen:

»Was würde es jetzt für Sie bedeuten, die Leiter wieder hinunterzusteigen?«

»Das wäre für mich die Absage von der Stelle in der neuen Universität.«

»Welche Gefühle löst der Gedanke aus, die Leiter wieder hinabzusteigen?«

»Ich glaube, erst mal wäre ich erleichtert. Ich wäre dann auf der sicheren Seite. Ich wäre hier in der Nähe meines Freundes, meiner Familie, meiner Bekannten. Aber ich würde mich auch ärgern über mich selber, dass ich nicht den Mut habe, die Chance zu ergreifen. Nur, wenn ich das in der anderen Stadt nicht schaffe ... Andererseits, wie würde ich auf Dauer damit klarkommen, wenn ich absage?«

An diesem Beispiel wird deutlich, wie sehr sich ein Mensch in einem Entscheidungsprozess mit seinen Gedanken hin- und hergerissen erleben kann, wie sehr dieser Prozess auch das körperliche und seelische Befinden beeinträchtigen kann.

Für mich stellte sich in dem Gespräch mit Sonja L. die Frage: Hatte sie schon innerlich die für sie wertvollere Möglichkeit gefunden, konnte diese aber durch die ständig kreisenden Ängste und Zweifel gar nicht deutlich erkennen? Oder war dieser Erkenntnisprozess noch gar nicht abgeschlossen?

Die Antwort darauf galt es in den kommenden Gesprächen zu finden. Es ging darum, *ihre* wertvollste Möglichkeit herauszufinden, mit ihren Zweifeln umgehen zu lernen, um dann *ihre* klare Entscheidung treffen zu können, *ihr* Ziel in den Blick zu nehmen und anschließend darauf zugehen zu können.

In den Gesprächen mit Sonja L. stellte sich immer mehr heraus, dass sie den Sprung in das kalte Wasser wagen wollte, dass aber ihre Zweifel und Unsicherheiten ihr zunehmend die Kraft und die Zuversicht genommen hatten, diesen Schritt tatsächlich zu gehen. Sie berichtete, dass sie in der Vergangenheit häufig auf Neues eher unsicher reagiert habe, dass ihr Denken und Tun immer wieder von vielen Zweifeln begleitet gewesen sei. »*Immer diese fiesen Gedanken, die bringen mich ganz schön durcheinander.*« Auch das betrachteten wir eingehender, und sie lernte zunehmend, mit ihren Zweifeln besser umgehen zu können. (Im nächsten Kapitel »Der Zweifler in meinem Kopf: Ja, aber ...« gehe ich näher darauf ein.) Sie konnte erkennen, dass sie in der Vergangenheit in einzelnen Situationen trotz Zweifel ihre jeweilige Zielsetzung in den Blick genommen hatte, schrittweise darauf zugegangen und das, was ihr wichtig war, dann auch gestaltet hatte. Sie entschied sich schließlich dafür, die Stelle an der Universität anzunehmen. Auch ihr künftiger Weg würde aus jeweils einzelnen Schritten bestehen, und wenn sie diese aufmerksam und entschlossen gehen würde, dann könne sie sich selbst den bestmöglichen Boden für ein erfüllendes Leben bereiten.

Viele Menschen entscheiden sich wie Sonja L. für den Sprung in das Wasser. Nicht wenige entscheiden sich aber auch dafür, die Leiter wieder hinunterzugehen.

So auch Max S.: Er arbeitete seit einigen Jahren in einer Firma an einer Position, bei der er inzwischen viele Erfahrungen sammeln konnte. Über einen Bekannten hörte er von einer Stelle in einer anderen Firma, die für ihn eine neue Herausforderung bedeuten würde, sie sei auch höher dotiert als seine bisherige Arbeit, erzählte er mir. Er bewarb sich auf diese Stelle, erhielt ein Einladungsgespräch und kurz darauf eine Zusage. »*Ich hatte eigentlich gar nicht mit einer Zusage gerechnet. Jetzt weiß ich überhaupt nicht, wie ich mich entscheiden soll.*« In der Folgezeit erging es ihm ähnlich wie Sonja L.: Je mehr er überlegte, ob er die neue Stelle antreten oder doch lieber bei seiner jetzigen Firma bleiben wolle, und je länger er beide Möglichkeiten gegeneinander abwog, desto schlechter ging es ihm. Er konnte schlechter schlafen, wurde innerlich immer unruhiger und gereizter, der Appetit war ihm vergangen. *»Ich kenne mich gar nicht mehr wieder. Ich rauche im Moment so viel, wie ich in meinem Leben noch nicht geraucht habe.«*

Ich erarbeite mit ihm in der gleichen Abfolge wie mit Sonja L. seine Entscheidung:

Wie war er in diese Situation der Entscheidung gelangt?

Über eine Bewerbung bei einer anderen Firma hatte er sich gar keine Gedanken gemacht, bis ihm ein Bekannter von dem interessanten Stellenangebot einer anderen Firma beichtet hatte. *»Irgendwie hörte sich das spannend an, und ich dachte, ich probiere das mal. Aber als dann die Zusage kam, da war ich völlig durcheinander. Will ich mir das wirklich antun?«*

Was würde für ihn – analog zum Sprungbrett - der Sprung in das Wasser bedeuten?

»Das wäre eine große Umstellung. Neue Arbeitsfelder, neue Kollegen, einen Chef, den ich noch nicht kenne, wahrscheinlich auch mehr Arbeitszeit.« Er berichtete von seiner Familie, seiner Frau und den beiden Kindern, für die er auch unbedingt genügend Zeit haben wollte.

Die Entscheidung, die Leiter hinabzusteigen bedeute für ihn, den Platz an seiner jetzigen Arbeitsstelle zu behalten. Dort arbeite er gerne, könne verantwortlich Entscheidungen treffen, mit seinen Chefs und den Kollegen verstehe er sich gut. Allerdings, viele Aufstiegschancen hätte er dort nicht.

Seine Frau, so berichtete er, hatte ihm gesagt, sie würde sich nicht in seine Entscheidung einmischen, sie würde ihn bei jeder seiner Entscheidungen unterstützen. Allerdings höre er von vielen Bekannten und Freunden, dass das Angebot der neuen Stelle für ihn *die* Gelegenheit sei, die er lieber nicht ausschlagen solle. So ein Angebot bekäme er so schnell nicht wieder.

Während unserer Gespräche und bei den Schilderungen seiner beiden Entscheidungsmöglichkeiten wurde schon durch seine jeweils geänderte Stimmlage, seine Gestik und seine Körperhaltung eine Tendenz deutlich. Bei der Schilderung seiner jetzigen Arbeit leuchteten seine Augen, seine Hände untermauerten lebhaft seine Worte. Ich fragte ihn, ob er selbst eine Tendenz spüren könne. Seine Antwort war: *»Ich glaube, ich hätte mich erst gar nicht bewerben sollen. Mir geht es jetzt gut mit meiner Stelle. Ich habe gar kein Interesse, dass ich mir was kaputt mache mit einem Wechsel. Wie sagt man so schön: Lieber den Spatz in der Hand als die Taube auf dem Dach.«*

»Heißt das, Sie haben eine Entscheidung getroffen?«, fragte ich ihn.

»Ich glaube, ja, das spüre ich immer mehr. Aber ich habe noch eine Frage zu dem Bild mit dem Sprungbrett: Wäre das dann nicht ein Abstieg, wenn ich die Leiter hinuntergehe, so wie das auch meine Freunde sagen?«

Das, so antwortete ich ihm, komme auf seine Sichtweise an. Bei dem Sprung in das Wasser zeigt die Richtung auch nach unten. Wenn wir Menschen da oben auf dem Sprungbrett stehen, dann wollen – und müssen auch – wir alle anschließend wieder nach unten und festen Boden unter den Füßen bekommen. Ob dieser mit neuen und bisher unbekannten Herausforderungen oder auf eher bekannten Wegen erreicht werden soll, liegt bei jedem Einzelnen selbst. Wichtig ist, dass jeder Mensch jeweils sein Ziel im Sinne dessen, was ihm oder ihr jeweils wichtig ist, erkennt und bewusst auf dieses Ziel zugeht, aufmerksam Schritt für Schritt.

Die Möglichkeit, auf dem Sprungbrett zunächst stehen zu bleiben, ist eine Zwischenlösung, die – wie oben beschrieben – nicht mit einer Entscheidung gleichzusetzen ist. Allerdings kann in den Gesprächen mit Patientinnen und Patienten deutlich werden, dass die oder der Betreffende in dieser Situation noch gar nicht in der Lage ist, eine Entscheidung zu treffen. Dies kann schon bei der Äußerung sichtbar werden: »*Ich habe Angst, dass ich durch meine Entscheidung andere Menschen enttäusche.*«

Am Beispiel eines Patienten möchte ich dies veranschaulichen.

Karl S. war 19 Jahre alt, als er zu mir in meine Praxis kam. Wenige Wochen zuvor hatte er sein Abitur bestanden. Er wollte nun eine handwerkliche Lehre als Schreinermeister absolvieren. Damit stieß er allerdings bei seinen Eltern und bei seinen beiden älteren Brüdern auf heftige Kritik. Dies verunsicherte ihn sehr, er wurde innerlich immer unruhiger und zweifelte zunehmend an sich. Ein Freund hatte ihm dringend geraten, Hilfe zu suchen bei seiner jetzigen Entscheidungsfindung.

Die Eltern von Karl S. arbeiteten beide in einem akademischen Beruf, die Brüder absolvierten ein Studium. Herr S. berichtete: »*Meine Eltern sagen immer wieder: Wofür hast Du Dein Abitur gemacht? Verbau Dir Deine Zukunft nicht. Es ist viel besser, wenn Du studierst und später einen akademischen Abschluss vorweisen kannst.*« Viele Zweifel und Ängste wurden erkennbar, als Herr S. diese Sätze äußerte. Er betonte wiederholt: »*Ich will vor allem meine Eltern nicht enttäuschen.*« »*Aber*«, so fügte er hinzu, »*ich muss bald eine Entscheidung treffen, denn der*

Schreiner, bei dem ich mich beworben habe und der mir eine Zusage gegeben hat, der will, dass ich möglichst bald den Vertrag unterschreibe.«

An diesem Beispiel wird nochmals deutlich: Eine wichtige Entscheidung kann möglicherweise nicht schnell getroffen werden. Vor allem, wenn sich die betreffende Person in hohem Maße durch Ängste ausgebremst erlebt.

Ich führte auch Karl S. in die Übung mit dem Sprungbrett ein und fragte ihn, wo er sich mit seiner Entscheidung derzeit befinde.

»Natürlich oben auf dem Brett«, antwortete er.

Bei der Frage, wie er dort hingekommen sei, schilderte er, dass er spätestens in der Oberstufe keine große Freude am Lernen hatte. Auch habe er in der 11. Klasse ein Praktikum in einer Schreinerei gemacht. Dabei habe er gemerkt, wie sehr ihm die handwerkliche Tätigkeit liege, viel mehr als das Lernen theoretischer Inhalte. *»Aber kein Abitur zu machen, das konnte ich meinen Eltern nicht antun. Also habe ich mich bis zum Abitur eher gequält und dies knapp geschafft.«* Auf die Frage, was für ihn analog zum Sprungbrett der Sprung in das Wasser bedeute, antwortete er: *»Für mich bedeutet das die Schreinerlehre. Für meine Eltern ist das dann aber ein Abstieg, also der Abstieg von der Leiter.«*

»Was bedeutet das für Sie?«

»Ich kann doch nicht die Schreinerlehre machen, wenn meine Eltern das nicht gut finden«.

»Können Sie das noch näher beschreiben?«

»Die Art, wie meine Eltern mir dies zu verstehen geben, ist sehr schwer auszuhalten. Sie haben ja auch mehr Lebenserfahrung. Vielleicht haben sie ja recht. Aber, wissen Sie, wenn ich die Leiter wieder runtersteigen würde, wenn ich dann studieren würde, dann habe ich Angst, nicht mehr ich selber zu sein.«

Spätestens an dieser Stelle wurde deutlich, wie sehr Karl S. sich bei seiner Entscheidung durch erhebliche Ängste ausgebremst erlebte. Seine Eltern waren und blieben wichtige Bezugspersonen für ihn, die er nicht enttäuschen wollte. Andererseits wollte er sich selbst nicht enttäuschen. Dies besprach ich mit ihm, ebenso die Sorge, dass er zum jetzigen Zeitpunkt noch gar keine klare Entscheidung treffen könne.

Die Zeit für das Unterschreiben eines Arbeitsvertrages drängte. Von größerer Bedeutung allerdings war es jetzt, die Zeit zu nutzen, um manches besser verstehen zu können. »Wir benötigen jetzt Zeit für Gespräche«, sagte ich ihm, »um deutlicher hinzuschauen: Wer sind Sie? Was ist das, was Sie *wollen* und nicht *müssen*? Das Schuldgefühl ihren Eltern gegenüber und Ihre damit verbundenen Ängste, wie können Sie künftig lernen, damit umzugehen?« (In meinem Buch »Dem Angstriesen entgegentreten« gehe ich ausführlicher auf diese Themen ein.)

Ich verglich die Situation von Herrn S. auf dem Sprungbrett mit dem Hinuntergehen auf das Einmeterbrett, um dort zunächst einzelne kleinere Sprünge zu üben. Oder auch mit dem Gang ganz hinunter, um zunächst mit festerem Boden unter den Füßen durch die Gespräche manche Erkenntnisse zu gewinnen und diese besser umsetzen zu können. Bei dem Blick auf die Schritte zur Sinnfindung wird sichtbar, dass der Schritt der Entscheidung noch gar nicht aktiv angegangen werden konnte, da zuvor die Schritte der Wahrnehmung und das Erfühlen und Erkennen von Werten aktiv zu bewältigen waren.

Wenn Menschen psychotherapeutische Hilfe suchen, weil sie möglichst schnell eine Entscheidung treffen müssen, dann ist das zuvor beschriebene Vorgehen immer wieder von großer Wichtigkeit. An dieser Stelle erkläre ich häufig, dass die logotherapeutische Arbeit primär keine ergebnisorientierte, sondern vor allem eine prozessorientierte Arbeit ist. Dies wird insbesondere im Zusammenhang mit Entscheidungen erkennbar. Das Bild mit dem Sprungbrett kann in dieser Situation, wie auch bei Karl S., deutlicher erkennen lassen, in welcher Situation sich der oder die Betreffende jetzt befindet und welche Schritte, auch für zukünftige Entscheidungen, zu diesem Zeitpunkt besonders wichtig sind.

Eine kleine Geschichte gebe ich meinen Patientinnen und Patienten häufig nach der Übung mit dem Sprungbrett mit auf den Weg:

Ein ehemaliger Bundeswehrsoldat und Fallschirmspringer berichtete von seinem ersten Sprung aus dem Flugzeug hoch oben in der Luft. Bevor er und seine Kameraden den ersten Sprung machten, erhielten sie folgende abschließende Anweisungen von ihrem Ausbilder: *»Es ist Ihre Entscheidung, ob Sie springen oder nicht. Aber wenn, dann richtig! Dafür machen Sie – so haben Sie es gelernt – mit einem kleinen Anlauf einen großen Schritt nach draußen. Und wenn Sie dann in der Luft sind, dann denken Sie an die Handgriffe, die Sie gelernt haben. Denn dann sind Sie auf dem Weg nach unten, und Sie lassen keineswegs den Gedanken zu, dass Sie doch lieber oben geblieben wären.«*

Aber wenn, dann richtig: Das gilt für jede unserer Entscheidungen, ob für den Sprung in das Wasser oder für den Weg, die Leiter hinunterzusteigen.

Der Zweifler in meinem Kopf: Ja, aber...

Schauen wir nochmals zum Sprungbrett. Dort oben steht eine Person und zögert. Ständig findet er oder sie Argumente, sowohl dagegen zu springen, als auch dagegen, die Treppe wieder hinunterzusteigen. Fast automatisch beginnen in der inneren Auseinandersetzung dieser Person viele Sätze mit: »*Ja, aber...*«

Was bedeutet diese Aussage?

Zunächst äußert die Person mit dem »*Ja*« eine Zusage, anschließend relativiert er oder sie durch das Wort »*aber*« diese Zusage und mildert sie ab.

In welchen Situationen äußern wir Menschen dieses »Ja, aber...?«

Wir formulieren diese Worte bei dem Erleben von Zweifeln, wenn mehr als eine Möglichkeit gegeben ist und für keine der Möglichkeiten eine überwiegende Sicherheit empfunden wird.

Was sind Zweifel?

Zweifel sind Bedenken, Überlegungen, Abwägungen. Zweifel sind ein Ausdruck des eigenen Denkprozesses. Bei Überlegungen legen wir einen Gedanken über den anderen, wir wägen ab.

Zweifel haben zunächst positive Auswirkungen für uns Menschen. Sie unterstützen uns darin, nicht vorschnell zu urteilen, sondern in angemessener Zeit sorgfältig und aufmerksam abzuwägen, um anschließend entscheiden zu können.

Zweifel können aber auch negative Empfindungen hervorrufen. Wenn zwei oder mehrere Möglichkeiten gleich viel wiegen, dann kann dies zu einer belastenden Unentschiedenheit führen. Und je länger der Prozess des Zweifelns dauert, umso größer wird die Unsicherheit, bis hin zur Verzweiflung.

Spätestens zu diesem Zeitpunkt haben die Zweifel das Ruder in die Hand genommen. Die Person auf dem Sprungbrett hat ihre Selbstbestimmtheit immer mehr aus der Hand gegeben. Oder der oder die Betreffende hat sich durch die Zweifel die eigene Selbstbestimmtheit immer mehr nehmen lassen.

Nochmals: Zweifel gehören ebenso wie Unsicherheiten und Ängste zu unserem Leben, sie können einen Menschen warnen und zum aufmerksamen Handeln bewegen. Dürfen sie einen Menschen auch daran hindern, einen nächsten Schritt in seinem/in ihrem Leben zu tun?

Wenn bei der Entscheidungsnot eines Menschen deutlich wird, wie sehr sich die zweifelnden Gedanken schon verselbständigt haben und in welchem Maße sie ihn oder sie einengen, dann rege ich diesen Menschen an, sich folgendes Bild vorzustellen:

Neben ihm auf dem Sprungbrett steht eine weitere »Person«, vielleicht eine Art Schatten von ihm selbst. Diese »Person« ist der Zweifler. Jeder Mensch kennt ihn, aber nicht bei jedem Menschen und nicht in jeder Situation hat die Stimme des Zweiflers solch eine große und durchdringende Kraft. Inzwischen hat dieser Zweifler längst dem »Ja, aber…« das Wort »Wenn« hinzugefügt. Und mit dem »Wenn« und dem folgenden Konjunktiv ist nun in Gedanken alles möglich. Die Person auf dem Sprungbrett lässt sich von dem Zweifler ein Kopfkino vorführen, das ihm oder ihr jede erdenkliche Möglichkeit vor Augen hält.

So erging es auch Johannes M. Er arbeitete als Sozialpädagoge in einer Behinderteneinrichtung mit körperbehinderten Jugendlichen. Die Arbeit als Betreuer bereitete ihm Freude. Zudem hatte er auch Aufgaben in einer leitenden Funktion übernommen. Er kam zunächst mit der Bitte um Supervision für seine neuen Aufgaben in meine Praxis.

Rasch stellte sich heraus, dass ihn ein zunehmend größer werdendes persönliches Problem zu schaffen machte. Er hatte sich einige Monate zuvor – für ihn völlig unerwartet – in einen gleichaltrigen Mann verliebt. Inzwischen waren beide als Paar zusammen, allerdings war dies in der Öffentlichkeit nicht bekannt. Nur einzelne Familienmitglieder und ganz enge Freunde wussten von der Beziehung zwischen den beiden.

Johannes M. litt sehr unter dieser Geheimhaltung. Gleichzeitig traute er sich nicht, seinen Kollegen und vor allem seinen Vorgesetzten von seiner Beziehung zu einem Mann zu berichten. Der Träger seiner Arbeitsstelle war eine kirchliche Einrichtung, und Johannes M. hatte große Angst vor möglichen negativen Folgen.

Sein Partner hatte viel weniger Bedenken. Er bat Johannes M. zunehmend, auch in der Öffentlichkeit zu ihrer Beziehung zu stehen.

Johannes zögerte weiterhin, erlebte sich als hin- und hergerissen. Gleichzeitig wurde ihm bewusst, dass er sich in naher Zukunft entscheiden musste.

Wir schauten gemeinsam zum Sprungbrett. Johannes M. sah sich dort oben stehen. Er konnte seinen Zustand sehr gut beschreiben. Er konnte Folgendes nachvollziehen: Wenn er weiter dort stehen bliebe, dann würde er seinen Körper noch mehr vernachlässigen. Schon jetzt quälten ihn Schlafstörungen, innere Unruhe und eine zunehmende Unkonzentriertheit und Gereiztheit, die auch sein Freund zu spüren bekam. Er wusste, wenn er so weitermachen würde wie bisher, dann würde er sich immer mehr ausgrenzen von seinem Leben. Seine Lebensfreude drohe er zu verlieren.

»Was bedeutet es für Sie, in das Wasser zu springen?« fragte ich ihn.

»Das würde bedeuten, dass ich allen meinen Bekannten, vor allem meinen Kollegen und Vorgesetzten von meiner Beziehung zu meinem Partner erzähle. Aber ich habe große Bedenken. Wenn die mich auslachen oder ausgrenzen würden, wenn mir gekündigt würde ...«

»Schauen Sie bitte noch einmal hin. Was bedeutet der Sprung nicht nur für Sie, auch für Ihren Partner?«

»Ja, ich würde dann auch zu ihm stehen. Aber soweit kann ich noch gar nicht denken, denn die Konsequenzen kann ich gar nicht übersehen, die würden ja auch ihn betreffen.«

»Jetzt haben Sie schon zweimal, ›Ja, aber‹ gesagt. Woher kommt dieses ›aber‹?«

»Weil ich überhaupt nicht sicher bin, was ich tun soll.«

»Wenn Sie dort oben stehen bleiben und nachdenken, werden Sie dann sicherer?«

»Das hatte ich immer gedacht. Ich hatte gehofft, die Zeit wird schon eine Lösung bringen. Aber das ist wohl nicht so.«

»Dann schauen wir einmal Ihre Möglichkeit an, die Leiter hinunterzugehen: Was bedeutet diese für Sie?«

»Weiterhin so zu leben wie bisher? Oder, nein, das hieße, ich müsste meinen Freund verlassen, ohne ihn leben. Nein, das ist keine Option für mich«, äußerte Johannes M. mit heftiger Stimme.

»Ist denn der Sprung eine Option für Sie?«

Johannes M. holte tief Luft. Dann sagte er: *»Mir bleibt dann wohl keine andere Wahl. Aber wie mache ich das?«*

Wieder äußerte Johannes M. ein »aber«, diesmal allerdings eher in die Zukunft gerichtet.

Wir Menschen haben die Freiheit, zu wählen. Die Frage ist: Wollen wir eine Wahl haben, oder lassen wir zu, das

66

andere oder anderes den weiteren Weg für uns aussuchen oder uns sogar vom Sprungbrett hinunterstoßen?

Wenn wir selbst und freiwillig entscheiden wollen, dann müssen wir Menschen lernen, mit unseren kritischen Gedanken umzugehen. Gedanken sind innere Bilder, innere Vorstellungen, die in innere Dialoge übergehen können.[19]

Wenn Gedanken lediglich Gedanken bleiben und nicht zu Entscheidungen und Taten führen, dann können sie von einem Menschen als sehr negativ und quälend erlebt werden.

Johannes M. wurde bewusst, dass seine Gedanken oben auf dem Sprungbrett vor allem aus Zweifeln bestanden, die ihn jedes Mal hin- und herwarfen und ihn noch unsicherer machten. Das Leben hatte ihn in die Situation gebracht, dass er seinem Partner begegnet war und sich in ihn verliebt hatte. »Das ist mir passiert. Das ist mir so kostbar, das will ich auch nicht rückgängig machen«, so die Worte von Johannes M. Nun hatte er die Wahl, wie er mit diesem Kostbaren umging. So oder so waren Konsequenzen damit verbunden, auch Konsequenzen, die er noch gar nicht absehen konnte. Wenn er aber einzelne Schritte aufmerksam beachten würde bei seiner Option, den Sprung in das Wasser zu wagen, dann würde ihn dies – mit seinem Ziel vor Augen – wieder handlungsfähig machen. Er würde sich wieder als selbstbestimmt erleben.

Dies bedeutete auch, aufmerksam zu bleiben, wenn der Zweifler erneut auftauchen würde, denn so leicht lässt er sich nicht wegschieben.

»Vielleicht sagen Sie ihm dann, dass Sie sich für etwas Kostbares in Ihrem Leben entschieden haben, für Ihren Freund. Und dass Sie jetzt keine Zeit haben für das Durchdenken von Eventualitäten, dass Sie Ihre Zeit und Kraft jetzt benötigen für die Vorbereitung weiterer Schritte. Vielleicht springt der Zweifler dann schon von allein in das Wasser oder er geht die Leiter hinunter. Sie dürfen dabei auch gerne mit einem Schubser nachhelfen.«

Vielen Betroffenen gebe ich im Umgang mit ihren Zweifeln auch mit, sich selbst in Zukunft aufmerksamer zuzuhören. Wenn sie merken, dass sie wieder »Ja, aber ...« sagen, dann ist es von Bedeutung, dass sie hinschauen, was sie in diesem Moment unsicher macht, und ob dieses Gefühl, dieser Gedanke auch berechtigt ist. Oder hat sich hier wieder der Zweifler eingeschlichen, der uns Menschen jederzeit andere Möglichkeiten und auch Auswirkungen vor Augen halten kann? Vielleicht kann es eine Hilfestellung sein, dann eine andere Formulierung zu wählen, beispielsweise »Ja, auch wenn ...« oder »Ja, weil...«.

Die Mauer: Ausführen und Einstellung ändern – Schritt 4

Stellen wir uns vor, der Sprung oder auch der Abstieg von der Sprungturmtreppe ist gelungen. Unten angekommen gilt es, sich auf das einzulassen, was jetzt gegeben ist und aufmerksam die nächsten Schritte zu gehen. Es geht um die Ausführung dessen, wozu die Person sich entschieden hatte.

Was kann passieren, wenn dabei der Zweifler wieder auftaucht und seine Stimme erhebt? Gar nichts, wenn der Betreffende dem Zweifler keine Aufmerksamkeit schenkt. Wenn er dies doch tut, dann ist die Gefahr gegeben, dass dieser Mensch zunehmend seine Sicht und seine Zuversicht verliert im Hinblick auf das, wofür er sich entschieden hat. Der Zweifler erhält dann einen wachsenden Teil der Aufmerksamkeit, und die damit verbundenen Gedanken und Gefühle beanspruchen viel Kraft und Energie.

Ebenso können auch Ereignisse, die von außen in das Leben eines Menschen eindringen, diesem viel Kraft und Energie abverlangen. Schicksalsschläge, kleinere wie größere, können den weiteren Lebensweg erschweren, können übermäßig viel Aufmerksamkeit beanspruchen und die Freiheit eines Menschen erheblich einschränken. Welche Möglichkeiten haben wir, damit umzugehen? Wie ist ein Mensch bisher in seiner, in ihrer Vergangenheit mit derartigen Hindernissen umgegangen?

Folgende Aufgabe stelle ich dann im Rahmen der Gespräche den Patientinnen und Patienten:

Bitte versuchen Sie sich an eine Situation in ihrem Leben zu erinnern, in der sie sich auf ein bevorstehendes Ereignis gefreut hatten. Kurz bevor das Ereignis beginnen sollte oder kurz nach dessen Beginn kam ein unvorhergesehenes Ereignis dazwischen, das Sie als Störung empfunden hatten. Wie haben Sie dieses erlebt?

Ein Beispiel dazu:

Katrin P. schilderte folgende Begebenheit: Sie und ihr Mann hatten zwei kostspielige Tickets für ein Konzert erworben, auf das sie sich sehr gefreut hatten. Sie hatten vereinbart, dass sie jeweils direkt von ihrer Arbeit zu dem Konzert kommen wollten. Am verabredeten Treffpunkt erhielt Katrin P. von ihrem Mann eine Nachricht, dass er in seiner Arbeit noch aufgehalten würde. Er würde so schnell wie möglich nachkommen. Die Vorfreude auf das Konzert, so berichtete Frau M., sank rasch. *»Ich war so enttäuscht und wütend. Ich dachte, das darf doch gar nicht wahr sein. Wir haben so lange für das Konzert gespart und so viel Geld dafür ausgegeben. Wir hatten uns doch so sehr darauf gefreut.«*

Daraufhin stellte ich Katrin P. die Frage, wie sie an dem Abend weiter damit umgegangen sei.

Katrin P. schilderte, dass ihr Ärger anhielt. Sie hätte sich gar nicht richtig auf die Musik konzentrieren können. *»Als dann mein Mann kam und sich neben mich setzte, bekam er meine Wut ab. Er sagte, er hätte sich doch beeilt, und jetzt würde ich ihn auch noch beschimpfen. Wir hatten dann richtig Streit. Der Abend war für uns gelaufen.«*

Was war passiert? Die Vorfreude auf das Konzert war groß. Der Zeitpunkt des Erlebnisses war ganz nah, als ein unvorhergesehenes Ereignis eintrat. Die dadurch ausgelöste Wut und Traurigkeit nahmen jetzt den Platz ein, den vorher die Vorfreude innehatte. Ihre Enttäuschung gab Katrin P. dann auch an ihren Mann weiter, ein Streit kam auf, und die Möglichkeit, sich auf das Konzert zu konzentrieren, auf das sie sich vorher so gefreut hatte, wurde immer geringer.

Im weiteren Gespräch schauten wir genauer hin: Katrin P. konnte nicht ändern, dass ihr Mann aus beruflichen Gründen aufgehalten wurde. Ihre daraus folgenden negativen Gefühle und Gedanken konnte sie ebenfalls nicht ändern, oder hätte sie damit auch anders umgehen können?

Ich bat Frau P., sich zu dem Zuspätkommen Ihres Mannes, das Sie an dem Abend erlebt hatte, innerlich das **Bild einer stabilen Mauer** vorzustellen, welches ich an dieser Stelle in den Gesprächen mit meinen Patienten und Patientinnen einführe:

Stellen Sie sich vor, ein unabänderliches Ereignis – wie das Zuspätkommen Ihres Mannes, das Sie an dem Abend erlebt haben – baut sich wie eine stabile Mauer vor Ihnen auf.

Was können Sie tun?

Sie können dagegentreten, mit den Fäusten dagegen hämmern, Ihren Kopf dagegen schlagen... Die Mauer wird sich keinen Millimeter fortbewegen.

Sie können sich auch an die Mauer lehnen, weinen und klagen. Auch dadurch lässt sich die Mauer nicht erweichen.

Was können Sie noch tun?

Sie können sich umdrehen und sich mit dem Rücken zur Mauer stellen. Dann eröffnet sich Ihnen ein ganz anderes Blickfeld. Sie können dann die Musiker in Ihren Blick nehmen, die Musik in Ihre Ohren aufnehmen, Sie widmen sich dann dem, weshalb Sie dorthin gekommen sind und auf das Sie sich vorher gefreut hatten. Sie würden die Mauer nicht negieren, sie würde hinter Ihnen stehen. Sie würden sie als gegeben akzeptieren, aber Sie würden nicht weiter auf das schauen, was unabänderlich war, sondern auf das, was Ihnen an diesem Abend eigentlich wichtig ist.

Negative Ereignisse können jederzeit störend in unseren Lebensablauf eindringen. Es ist normal und berechtigt, dass wir Menschen enttäuscht reagieren und negative Gefühle wie beispielsweise Trauer, Wut und Hilflosigkeit aufkommen. Gleichzeitig haben wir Menschen die Freiheit, nach einer angemessenen Zeit mit dem störenden Ereignis umzugehen, uns davon nicht einengen und nicht den Blick auf das Leben nehmen zu lassen. In der Logotherapie sprechen wir dabei von der geistigen Fähigkeit zur *Einstellungsänderung*.

Viktor Frankl schrieb dazu: »Was wir jedoch betonen, das ist die Tatsache, dass der Mensch als geistiges Wesen sich der Welt – der Umwelt wie der Innenwelt – nicht nur gegenübergestellt findet, sondern ihr gegenüber auch Stellung nimmt, dass er sich zur Welt immer irgendwie »einstellen«, irgendwie verhalten kann, und dass dieses Sichverhalten ein freies ist.«[20]

Viktor Frankl hatte persönlich erlebt, dass diese Freiheit auch in einer existentiell bedrohlichen Situation gegeben ist. In seinem Buch »... *trotzdem Ja zum Leben sagen*«, in dem er seine Erlebnisse in den Konzentrationslagern während des 2. Weltkrieges beschrieb, äußerte er: »Man kann dem Menschen alles nehmen, nur nicht die letzte menschliche Freiheit, sich zu den gegebenen Verhältnissen so oder so einzustellen.«[21]

Diese Freiheit des Menschen, sich von seinen Gegebenheiten distanzieren und eine Haltung dazu einnehmen zu können, ist eine grundlegende menschliche Fähigkeit. Nicht immer ist ein Mensch aktuell dazu imstande, diese Freiheit auch umzusetzen, beispielsweise bei einer akuten Suchterkrankung oder auch bei einem schweren Trauma. Aber grundsätzlich ist diese Freiheit in jeder Situation unseres Lebens gegeben. Diese Haltung ist für Betroffene sowie für Therapeutinnen und Therapeuten sehr wichtig.

Die Frage, die sich immer wieder im Hinblick auf den einzelnen Menschen stellt, ist: Wie kann ein Mensch seine persönliche Freiheit auch angesichts unabänderlicher Gegebenheiten erkennen? Schon bei kleinen und alltäglichen Situationen kann es einen großen Unterschied machen, inwieweit ein Mensch diese Freiheit und damit seine Möglichkeiten zur Einstellungsänderung sehen und auch umsetzen kann.

Durch die Erinnerung an ihre Erlebnisse bei dem Konzert und das damit verbundene Bild mit der Mauer fühlte Katrin P. sich ermutigt, diese Einstellungsänderung künftig in ihrem Alltag, wenn wieder so ein Störfaktor auftreten würde, bewusst zu aktivieren.

Ein weiteres Bild im Umgang mit negativen Ereignissen ist die Vorstellung einer kleineren und überwindbaren Mauer, die sich vor der betreffenden Person als Hindernis oder Hürde aufbaut. Bei einem möglichen Sprung über diese Hürde ist es, nachdem man die Höhe der Mauer richtig eingeschätzt hat, wichtig, die Aufmerksamkeit von der Mauer zu lösen und vor allem das in den Blick zu nehmen, was hinter der Mauer liegt. So richten Hürdenläufer beim Sprung ihren Blick auf das, was hinter dem Hindernis liegt. Wenn sie beim Sprung das Hindernis anschauen – so schildern es die Sportler –, dann prallen sie mit hoher Wahrscheinlichkeit dagegen. Auch wenn es möglich ist, seitlich an der Hürde vorbeizugehen, ist es ebenfalls wichtig, der Hürde nicht länger Aufmerksamkeit zu schenken, sondern zu lernen, sie zu ignorieren und das in den Blick zu nehmen, was hinter ihr liegt.

Viktor Frankl erläuterte dazu: »Etwas ignorieren kann ich nur, indem ich an diesem Etwas vorbei *agiere*, indem ich auf etwas anderes hin *existiere*.«[22]

Ebenfalls als eine Art Hindernis kann eine innere negative Gestimmtheit empfunden werden, die sich immer wieder im Alltag eines Menschen aufbaut, auch wenn keine äußere negative Gegebenheit vorliegt. Beispielsweise können Gedanken auftauchen wie: *»Ist das eintönig!«, »Immer wieder das Gleiche!«* oder *»Das macht doch gar keinen Spaß.«* Dies tritt häufig auch dann ein, wenn Erwartungen nicht erfüllt werden. Auch hier ist es von Bedeutung, den aufkommenden negativen Gedanken und den damit verbundenen Gefühlen nicht zu viel Raum zu geben, sondern von ihnen wegzuschauen und stattdessen das in den Blick zu nehmen, was gegeben ist.

Elisabeth Lukas betonte in ihrer Arbeit, dass Einstellungsänderung auch angesichts positiver Gegebenheiten von großer Bedeutung sein kann: *»Es ist seltsam genug, doch unter Umständen ist auch die Einstellung des Menschen zu einem Positiven verbesserungswürdig.«*[23] Wir Menschen neigen nicht selten dazu, eher das in den Blick zu nehmen, was für uns nicht in Ordnung ist, was wir nicht haben, und die gleichzeitig gegebenen positiven Anteile beachten wir dabei zu wenig oder gar nicht. Kritisieren, jammern und klagen fällt mitunter leichter als zuzustimmen und wertzuschätzen. Allerdings stellt sich dann die Frage: Wie lange will der oder die Betreffende in dieser negativen Einstellung verharren, wie lange will er/sie warten und passiv bleiben? Oder will er/sie in Bezug auf die realisierbaren Möglichkeiten wieder handlungsfähig werden? Wie kann und will er/sie diese wieder wahrnehmen?

Als Beispiel hierzu gebe ich einen Auszug aus einem Gespräch mit Leon M. wieder:

Leon besuchte die 10. Klasse eines Gymnasiums. Er äußerte: *»Ich mag die Schule und den Unterricht einfach nicht. Das ist alles so ätzend. Oft höre ich gar nicht mehr* *hin. Aber ich ärgere mich auch. Meine Noten waren mal besser.«*

»Willst du denn, dass deine Noten wieder besser werden?«, war meine Frage.

»Eigentlich schon.«

»Und wofür? Welchen Schulabschluss willst du machen?«

»Abitur, das ist schon klar. Ich will dann ja auch studieren«

»Ich kann verstehen, dass manches in der Schule langweilig ist und nicht gerade Freude macht. Gleichzeitig sagst du, dass du dein Abitur machen willst. Du hast die Möglichkeit dazu. Nicht jeder kann auf das Gymnasium gehen, das Abitur absolvieren und danach studieren. Du hast die Wahl: Du kannst dich weiterhin über die Schule ärgern, oder du kannst deine Einstellung dazu ändern und versuchen, dem Unterricht wieder mehr zu folgen und deine Aufgaben zu machen. Es geht ja um deine Zukunft. Die Möglichkeiten dazu hast du.«

Auch mit Leon besprach ich das Bild mit der Mauer. In der Folgezeit konnte er eine deutlich andere Einstellung zu dem Unterricht und zu dem Lernen einnehmen. Seine Erfolge und die zunehmende Freude an Lerninhalten unterstützten ihn zusätzlich, aufmerksam mit seinen Stimmungen umzugehen und gegebenenfalls seine Einstellung zu korrigieren.

Hier noch ein persönliches Beispiel zur Einstellungsänderung:

Im Rahmen meiner psychoonkologischen Arbeit hatte ich eine Patientin begleitet, die unter einem bösartigen Tumor litt. Inzwischen waren auch Metastasen aufgetaucht; das Befinden der Patientin verschlechterte sich deutlich. Sie lag auf der Palliativstation, als ich sie besuchte. Sie wusste, dass ihr Leben bald zu Ende sein würde. Sie berichtete mir vieles von ihrer Vergangenheit, auch von dem Schmerz, ihren Mann und ihre beiden Kinder bald verlassen zu müssen. Dann schaute sie mich an und äußerte mit deutlicher Stimme: *»Frau Doktor, wissen Sie, wenn ich mir noch eines wünschen könnte, dann dies, dass ich mit meinem Mann und meinen Kindern noch einmal einen ganz normalen Tag erleben könnte.«* Vermutlich war ihr gar nicht bewusst, welches Geschenk sie mir mit dieser Aussage gegeben hatte. Mir wurde deutlich, dass ich den Alltag mit meinem Mann und meinen Kindern weiterhin erleben durfte. Und immer wieder, wenn sich ein Gefühl von Frustration über die Routine des Alltags bei mir einschleichen will, dann führe ich mir wieder die Worte der Patientin vor Augen und schaue dankbar auf das, was mir gegeben ist.

Wie auch immer die Mauer aussieht, die sich vor einem Menschen aufbauen kann: Wenn sie als hinderlich erlebt wird, als etwas, das den Blick auf das Leben erschwert oder gar verhindert, dann besitzt jeder Mensch die Freiheit, sich anders dazu einzustellen. Wichtig ist es dabei, durch Akzeptanz des unabänderlichen Hindernisses diesem nicht länger Aufmerksamkeit und Energie zu widmen, sondern sich so dazu einzustellen, dass der Blick frei wird auf das, was sich abseits der Mauer befindet und darauf wartet, von dem Menschen gestaltet zu werden.

Die Geschichte mit den Seesternen:
Die Frage nach dem Sinn

»Ich wollte früher so viel bewegen, ich hatte so viel Optimismus. Heute frage ich mich, ob das, was ich tue, überhaupt noch was bringt.«
»Es gibt so viele Menschen und so viel zu tun. Wer bin ich denn in diesem großen Gewusel?«
»Wozu soll ich mich eigentlich noch abmühen?«

Diese Äußerungen sprechen von der unbeantworteten Frage nach dem Sinn des eigenen Lebens und von großem Leid. Der Zweifel an der Sinnhaftigkeit des eigenen Handelns und auch des gesamten Lebens kann Menschen die Zuversicht und die Kraft nehmen, eigene Lebensmöglichkeiten zu erkennen und zu gestalten.

Wenn deutlich wird, dass Zweifel an der Sinnhaftigkeit des Lebens den Alltag von Patientinnen und Patienten erschweren, beziehe ich auch Geschichten in unsere Gespräche ein.

Geschichten lösen ebenfalls innere Bilder aus, die durch die Fantasie in einem schöpferischen Prozess entstehen. Es sind jeweils eigene und damit auch einzigartige Bilder. Diese inneren Bilder können Empfindungen auslösen und Erkenntnisse wecken. Ein Vergleich mit dem eigenen Leben kann hergestellt werden. Geschichten und die durch sie ausgelösten Bilder können den Horizont erweitern, sie können ermutigen und motivieren. Wenn Geschichten Lösungsmöglichkeiten anbieten, dann kann dadurch in der Leserin/dem Leser die Hoffnung aufkeimen, dass auch ihr/sein Problem lösbar ist. Geschichten können zu Lebensbegleitern werden, denn die damit verbundenen

Bilder sind jederzeit abrufbar. Geschichten können im therapeutischen Prozess auch unbewusste Anliegen und Weisheiten sichtbar machen, insbesondere dann, wenn argumentatives Abwägen allein nicht ausreicht.

Eine Geschichte und der Umgang mit ihr spielen in meinen Gesprächen mit Patientinnen und Patienten zum Thema »Sinn« eine große Rolle:

Die Seesterne

Als der alte Mann bei Sonnenuntergang den Strand entlangging, sah er vor sich einen jungen Mann, der Seesterne aufhob und ins Meer warf. Nachdem er ihn schließlich eingeholt hatte, fragte er ihn, warum er das denn tue. Die Antwort war, dass die gestrandeten Seesterne sterben würden, wenn sie bis Sonnenaufgang hier liegen blieben. »Aber der Strand ist viele Meilen lang und Tausende von Seesternen liegen hier«, erwiderte der Alte. »Was macht es also für einen Unterschied, wenn du dich abmühst?« Der junge Mann blickte auf den Seestern in seiner Hand und warf ihn in die rettenden Wellen. Dann meinte er: »Für diesen hier macht es einen Unterschied.«[24]

Welche Absichten sind an dem Verhalten des jungen und an dem des alten Mannes erkennbar?

Der junge Mann will einzelne Seesterne ins Meer werfen, um ihnen das Weiterleben zu ermöglichen. Der alte Mann hinterfragt das Tun des jungen Mannes angesichts der riesigen Menge an Seesternen, die meilenweit am Strand liegen.

Der junge Mann zeigt an einem Beispiel, dass dieser einzelne Seestern, den er nun aufhebt und ins Meer wirft, weiterleben wird.

Welchen Unterschied zeigt er auf?

Er weist mit seinem Tun hin auf den Unterschied zwischen Leben und Tod.

Was ist Leben?

Leben ist begrenzte Zeit, begrenzt durch den Tod. Was nach unserem Tod sein wird, das wissen wir nicht, wir können es lediglich erahnen, wir können es glauben.

Wann fühlen wir Menschen uns lebendig? Lebendig fühlen wir uns dann, wenn wir intensiv mit etwas befasst sind, zum Beispiel beim Musik hören, beim Lesen, beim Sport, bei der Arbeit und/oder in guten Gesprächen. Als lebendig erleben wir uns dann, wenn wir in einem begrenzten Zeitabschnitt unsere Aufmerksamkeit auf etwas richten, was uns jetzt und hier als wichtig, als wertvoll, letztlich als sinnvoll erscheint.

Wenden wir uns noch einmal der Geschichte mit den Seesternen zu: Mit wem sympathisieren Sie mehr, mit dem jungen oder mit dem alten Mann?

Fast alle bisher Gefragten antworteten, dass sie mehr Sympathie für den jungen Mann empfinden. Auf meine Frage nach den Gründen für dieses Empfinden folgen ganz häufig Antworten wie:

»Weil er etwas tut.«
»Ich würde genauso handeln.«
»Weil er sinnvoll handelt.«

Der alte Mann – handelt er nicht sinnvoll?

Wenn wir es genau betrachten, stellen wir fest, dass wir diese Frage anhand der Informationen, die uns die Geschichte gibt, gar nicht beantworten können. Wir wissen nichts von dem alten Mann, von seinem Leben, von seinem Befinden. Wir wissen auch nicht, warum er sich gerade an diesem Abend entschieden hat, den Strand entlangzugehen. Dazu müssten wir ihm Fragen stellen: Was hat er in seinem Leben bisher als sinnvoll erlebt und was nicht? Was löst der Anblick der riesigen Menge an gestrandeten Seesternen in ihm aus?

Vielleicht befindet er sich gerade auf dem Weg zu einem Freund, der auf ihn wartet. Oder er selbst ist sehr krank, und dieser abendliche Gang am Strand ist für sein Wohlbefinden sehr wichtig.

Was macht für ihn einen Unterschied an diesem Tag, an diesem Abend?

An dieser Stelle rege ich mein Gegenüber an, sich an eine Situation zu erinnern, in der er oder sie das eigene Tun als sinnvoll erlebt hat. Bei den jeweiligen Schilderungen wird deutlich, dass bei diesem Erleben eine Verbundenheit zwischen sich selbst mit etwas Wertvollem außerhalb von sich selbst besteht. Häufig beschreiben Menschen dieses Erleben so: *»Ich war ganz vertieft in eine Sache und war gleichzeitig ganz ich selber.«* Oder: *»Da war ein Gefühl der inneren Wärme und Zufriedenheit.«*

Dieses Erleben ist ein ganz eigenes Erleben, das andere Menschen möglicherweise gar nicht nachvollziehen können, das vielleicht auch von außen ganz anders bewertet wird. So wie es auch geschehen kann, wenn wir von dem alten Mann in der Geschichte lesen. Wie können von außen nicht wissen, was er jetzt als sinnvoll erlebt. Dies ist sein ganz eigenes Erleben.

Die Logotherapie weist im Umgang mit der Sinnfrage auf einige grundlegende Aspekte hin:

Die Frage nach dem Sinn des Daseins ist eine Grundfrage menschlicher Existenz. Wir Menschen fragen nach der Bedeutung unseres Lebens, nach dem Grund und Fundament unseres Daseins, nach dem, was uns trägt, was uns Richtung und Orientierung bietet.

Am häufigsten stellen wir die Sinnfrage in Situationen des Umbruchs und der Veränderung, in Situationen des eigenen und des fremden Leids. Grundsätzlich aber können wir sie in jeder Situation unseres Lebens stellen, in Situationen größten Glückes wie in Situationen tiefsten Leides. Von Bedeutung ist, dass der oder die Fragestellende Antworten auf seine/ihre Fragen findet. Wenn die Sinnfrage unbeantwortet bleibt, so kann dies großes Leid in einem Menschen hervorrufen und bestehendes Leiden zusätzlich vergrößern.

Viktor Frankl stellte dazu fest: »Die Sinnfrage in ihrer ganzen Radikalität kann einen Menschen geradezu überwältigen«.[25]

In welcher Hinsicht können wir Menschen die Sinnfrage stellen?

Wir stellen sie in Bezug auf den Sinn des Weltganzen, in Bezug auf den Sinn unseres eigenen Lebens und in Bezug auf den Sinn jeweils einzelner Lebenssituationen.

Die Frage nach dem Sinn des Weltganzen können wir rational nicht erfassen, denn wir sind an Kategorien wie Zeit und Raum gebunden. Wohl aber können wir an einen übergreifenden Sinn glauben.

Frankl spricht in diesem Zusammenhang auch von einem »Übersinn«. Er formuliert: »Genau so wenig, wie ein Tier aus seiner Umwelt heraus die sie übergreifende Welt des Menschen je verstehen kann, genau so wenig könnte der Mensch die Überwelt je erfassen, es sei denn in einem ahnenden Hinauslangen – im Glauben.«[26]

Die Frage nach dem Sinn des eigenen Lebens können wir ebenfalls nicht umfassend beantworten, da wir sie nur zu einem Zeitpunkt stellen können, an dem unser Leben noch gar nicht abgeschlossen ist. Auch hier sind wir an unsere Perspektive gebunden. Möglicherweise kann ein

Mensch kurz vor seinem Tode, in der Vollendung seines Lebens einen Sinn in seinem/ihrem persönlichen Leben erkennen.

Die Sinnfrage, die wir Menschen beantworten können, ist die Frage nach einem konkreten Sinn, der sich auf die Einmaligkeit einer jeweiligen Situation bezieht. Sie wird durch etwas ausgelöst, was einem einzelnen Menschen in einer je einmaligen Situation am wertvollsten erscheint.

Viktor Frankl betonte: »Sinn wird gefunden angesichts der ›Forderung der Stunde‹, die an mich ergeht.«[27]

In der Geschichte mit den Seesternen erlebt der junge Mann seine »Forderung der Stunde« beim Anblick einzelner gestrandeter Seesterne. Er nimmt einen einzelnen in seine Hand, schaut ihn an, nimmt diesen Seestern als ein zu erhaltendes Lebewesen wahr und wirft es in die rettenden Wellen. Die »Forderung der Stunde« für den alten Mann kennen wir nicht. Wie gesagt, wir müssten ihn danach fragen. Vielleicht müssten wir ihn auch danach fragen, inwiefern er das Leben grundsätzlich als sinnvoll erachtet.

Von Bedeutung ist es, und dies gilt für Therapeutinnen, Therapeuten und Hilfesuchende gleichermaßen, welche Haltung wir Menschen zum Leben einnehmen. Bejahen wir das Leben grundsätzlich als sinnvoll, dann öffnen wir uns immer wieder dem Leben mit seinen Sinn- und Wertmöglichkeiten, und wir geben als je einzigartige Person in der je einmaligen Situation unsere persönliche Antwort.

Wenn wir das Leben als sinnvoll bejahen, dann gilt dies für jede Person, auch angesichts der schier unüberschaubaren Menge an Menschen. Dann ist Leben sinnvoll in jeder Situation, mit jedem Atemzug. Dann macht es einen Unterschied, ob ein einzelner Seestern lebt oder nicht.

Aus dieser Haltung heraus können wir möglicherweise die »Forderung der Stunde« immer wieder als Frage begreifen:

Was macht für mich jetzt und hier einen Unterschied?

Der Drachen im Wind: Was uns trägt

»Was ist eigentlich der Grund, warum man etwas tut?«
»Woran kann ich mich letztlich festhalten? Oder ist da doch das große Nichts?«

Ein Mensch kann in einmaligen Lebenssituationen durch Erfassen und Gestalten von Werten Sinnfülle und damit auch mehr Lebensfreude erleben. Es passiert jedoch immer wieder, dass bei einzelnen Menschen dennoch ein wesentliches Anliegen bei der Frage nach dem Sinn offengeblieben ist. Bei den Betroffenen drängen sich Fragen wie die obigen auf.

Die Geschichte von Melanie K. veranschaulicht, wonach die Betroffenen konkret fragen, und welche Antworten wir darauf geben können:

Melanie K. war 29 Jahre alt, als sie mit folgenden Äußerungen in meine Praxis kam: *»In mir ist eine tiefe innere Leere, wie ich sie noch nie in meinem Leben erlebt habe. Der Tod meiner geliebten Großmutter hat mir völlig den Boden unter den Füßen weggerissen. Vor einigen Tagen stand ich an ihrem Grab, als die Gedanken auftauchten: Oma lebt jetzt nicht mehr, und was ist, wenn ich sterbe? Was soll das Ganze dann? Diese Gedanken machten mir riesige Angst, und sie kommen immer wieder, lassen mich nicht in Ruhe.«*

In den Gesprächen mit Melanie K. war es mir zunächst wichtig, sie und ihr bisheriges Leben kennenzulernen, mit ihr über ihre Fähigkeiten, ihre Grenzen und über ihre Ängste zu sprechen.[28]

Melanies größte Angst war es, hilflos und ausgeliefert zu sterben und in ihrem Leben nicht genug geleistet zu haben. Nach und nach gelang es ihr, ihre negativen Gefühle und Gedanken deutlich besser zu verstehen und auch mit ihnen umzugehen. Sie konnte sich wieder mehr auf ihre täglichen Aufgaben konzentrieren und erlebte zunehmend Lebensfreude und Zufriedenheit. Allerdings war weiterhin eine grundlegende Unsicherheit spürbar. Sichtbarer wurde diese eines Tages durch ihre Äußerung: »*Immer wieder kann es passieren, dass diese fiesen Gedanken auftauchen und mich nicht in Ruhe lassen. Am schlimmsten ist es, wenn die Frage auftaucht: Was ist, wenn ich gar nicht mehr fühlen kann, was wichtig für mich und mein Leben ist? Dann bin ich so hilflos.*«

Als ich nachfragte, ob sie dieses »*gar nicht mehr fühlen können*« noch intensiver beschreiben könne, antwortete sie:

»*Ich habe Angst, dass ich dann nur ins Leere greife, und da nichts mehr ist, auf das ich mich verlassen kann. Mit diesen Gedanken fühle mich komplett allein.*«

Mit diesen Äußerungen wurde ihr Anliegen deutlicher: Sie beschrieb ihre große Angst davor, was geschehen würde, wenn sie ihre Fähigkeiten verlieren würde zu fühlen, was für sie wichtig und letztlich sinnvoll ist, sie dann ins Leere greifen würde und keinen Halt mehr finden könnte.

Damit berührte Melanie K. eine wesentliche Frage logotherapeutischer Arbeit. Eine Frage, deren Beantwortung Viktor Frankl bei der Entwicklung und Ausgestaltung der Logotherapie zeitlebens ein grundlegendes Anliegen war:

Ist es der Mensch, der den Sinn erfühlt und auch gestaltet? Oder ist der Sinn dem menschlichen Leben vorgeschaltet?

Aus logotherapeutischer Sicht wird bei dem Erkennen und dem Erfüllen von Sinn unterschieden zwischen dem *objektiven Sinn* und dem *subjektiven Sinn*, dem – wie Viktor Frankl es formulierte – objektiven Logos und dem subjektiven Logos.

Der *objektive Sinn* ist der über alle Kulturen und Generationen hinweg gegebene Sinn. Vielleicht ist er als eine Art Sinn-Horizont zu verstehen. Es ist das Leben mit seinen wertvollen Gegebenheiten, das sich über uns ausbreitet. Viktor Frankl spricht dabei von der »Überwelt«, vom »Übersinn«.[29] In diesem Übersinn sind übergreifend für jeden Menschen Sinn- und Wertmöglichkeiten gegeben. Werte sind dabei als Möglichkeiten zu verstehen, Sinn zu verwirklichen. Frankl spricht dabei auch von »Sinnuniversalien«[30].

Diesen objektiven, alle Kulturen und Generationen überspannenden Sinn können wir nicht beweisen, wohl aber in einer Art Glauben erfassen. Dabei geht es nicht um einen konfessionellen Glauben, sondern um Vertrauen auf etwas, das größer ist als wir Menschen. Es geht um das, was unserem Leben mit seiner Wertfülle Halt, Orientierung und Bedeutung verleiht.

Der *subjektive Sinn* erfüllt sich dann, wenn wir Menschen uns in einer Situation von einer Sinnmöglichkeit angesprochen erleben, von einem Wert, den es für uns jeweils zu erfüllen gilt. Dies geschieht durch das Gewissen oder auch durch eine Art Herzensweisheit. Sinnerfüllung bedeutet, dass wir etwas erfassen, das von uns gestaltet werden will und wir durch unser Tun in die Welt hinein schaffen wollen.

Wir Menschen erleben uns dann als vom objektiven Sinn her Gefragte. Wir erleben uns als verantwortlich im Hinblick auf die Fragen, die uns das Leben stellt.

Zur Veranschaulichung dieser theoretischen Grundlagen zeige ich in den Gesprächen mit den Patientinnen und Patienten über die Frage nach Sinn häufig dieses Bild auf:

Stellen Sie sich vor, Sie haben einen Flugdrachen aus Holz und Papier gebaut, vielleicht haben sie diesen auch erworben. Sie wollen den Drachen fliegen lassen und warten auf günstiges Wetter, auf günstigen Wind. Dann gehen Sie mit Ihrem Drachen zu einem geeigneten Platz, lockern die Leine ein wenig und werfen den Drachen dem Wind entgegen. Stück für Stück wickeln Sie die Leine los, Sie halten die Leine in der Hand, der Drachen steigt hinauf in die Luft, er schwebt und tänzelt im Wind. Sie schauen hinauf und beobachten die Bewegung des Drachens oben am Himmel. Dabei halten Sie das Ende der Leine in der Hand, entscheiden darüber, ob Sie damit weitergehen oder sogar rennen wollen, jederzeit darauf achtend, dass Sie Hindernisse wie hohe Bäume oder Laternenpfähle weit umgehen.

Wenn Sie nun versuchen, sich intensiver in diese Situation hineinzuversetzen, dann wird möglicherweise deutlich, wie viel Vertrauen es benötigt, um den Drachen dort oben im Wind tanzen zu lassen.

Worauf bezieht sich dieses Vertrauen?

Da ist der Wind, darüber der weite Himmel. Der Drachen wird getragen und bewegt vom Wind. Er ist eingebettet in etwas, das viel größer ist als wir Menschen selbst. Es ist die Natur, der wir den Drachen anvertrauen.

Auch Melanie K. regte ich an, sich das Bild mit dem Flugdrachen vorzustellen. Sie konnte sich gut in dieses Bild hineinversetzen, da sie als Jugendliche mit ihrem Freund einige Male dessen Drachen steigen ließ. Auf meine Frage, wie sie dies damals erlebt habe, antwortete sie: »*Das war ein intensives Gefühl der Freude und auch ein tiefes Gefühl von Freiheit.*«

Dann stellte ich ihr die Frage, worauf sich in der damaligen Situation ihr Vertrauen bezogen habe. Sie zögerte und schaute mich fragend an. Daraufhin erweiterte ich das Bild mit dem Flugdrachen.

Vielleicht stellen wir uns auch vor: Da ist ein Kind, das mit viel Hingabe und Sorgfalt seinen Flugdrachen gebaut hat. Es ist stolz auf das Ergebnis und freut sich, den Drachen fliegen zu lassen. Zugleich wird sichtbar, wieviel Vertrauen dieses Kind haben muss, seinen kostbaren Drachen in dem Wind dort oben fliegen zu lassen.

Nach dieser Betrachtung äußerte Frau K.: »Das war mir damals gar nicht so bewusst, dass wir den Drachen dem Wind anvertraut haben.«

Im weiteren Gespräch erläuterte ich Frau K. das Verständnis von Sinn aus logotherapeutischer Sicht und die Unterscheidung zwischen *objektivem* und *subjektivem Sinn*.

Im Vergleich mit dem Bild des Flugdrachen steht der *objektive* Sinn für den Wind, die Naturgewalten, die dem einzelnen Menschen die Möglichkeit bieten, das von ihm hergestellte Flugobjekt dort oben tanzen zu lassen. Den *subjektiven* Sinn erfüllt ein Mensch dann, wenn er oder sie diese Möglichkeit in den Blick nimmt und sie auch gestaltet. Es geht dabei um das Erleben von etwas Gutem, Stimmigem. Dies wird als ein »Mehr« erlebt, das der betreffende Mensch seinem/ihrem Leben hinzufügt.

Dann überlegten wir weiter: Wofür brauchte Melanie K. gegenwärtig Vertrauen?

Ich fragte sie, in welchen Situationen ihre beängstigenden Gedanken »Was ist, wenn ich gar nicht mehr fühlen kann, was wichtig ist für mich und mein Leben?« auftauchen würden. Sie antwortete: *»Die tauchen vor allem dann auf, wenn ich zur Ruhe komme.«*

In den bisherigen Gesprächen hatten wir wiederholt über Gedanken als innere Bilder, als innere Vorstellungen gesprochen und auch darüber, wie es gelingen kann, den Blick weg von den negativen Gedanken zu lenken hin zu dem, was für sie wichtig war zu erleben und zu gestalten.[31] Dies war ihr zunehmend gelungen und hatte ihr deutlich mehr Lebensfreude gegeben.

Dennoch quälte sie weiterhin der Gedanke daran, »ins Leere zu greifen«.

Wieder schauten wir uns das Bild mit dem Flugdrachen an.

Versuchen wir uns vorzustellen, eine kleine Wolke schiebt sich vor Ihren Drachen. Dieser ist für Sie nicht mehr sichtbar. Jetzt ist es wichtig, dass Sie die Leine weiterhin festhalten und darauf vertrauen, dass der Drachen dort oben am Himmel vom Wind getragen wird.

Die Wolke zieht weiter, und der Drachen wird für Sie wieder sichtbar

In unserem Leben kann es immer wieder passieren, dass sich negative Ereignisse, Gefühle und Gedanken wie eine Art Wolke vor den *objektiven Sinn*, vor das Leben mit seinen Wertmöglichkeiten schieben und dieser für uns dann nicht sichtbar ist.

Der Himmel, die Natur, die Schöpfung sind immer gegeben, sie sind größer als wir Menschen. Das Leben wurde und wird uns täglich gegeben. Es liegt an jedem Menschen selbst, ob er oder sie sich zu der Schöpfung bekennt, ob er/sie das eigene und auch fremdes Leben als wertvoll erachtet, ob er/sie sich immer wieder aufgerufen erlebt, das Leben mit seinen Wertmöglichkeiten als kostbar und als nicht selbstverständlich anzuerkennen und entsprechend seine/ihre persönlichen Antworten zu gestalten.

Melanie K. erkannte immer mehr, dass ihr Vertrauen im Hinblick auf den *objektiven Sinn* bisher zu wenig gefestigt war. Dieses Vertrauen, diesen Glauben daran konnte sie nicht beweisen, aber sie konnte immer wieder versuchen, ihren Blick auf die Schöpfung mit ihren Wertmöglichkeiten zu lenken, um die Erfahrungen machen zu können, dass diese Lebensmöglichkeiten immer gegeben sind. Wie der Wind und der Himmel über dem Drachen. Dann greift sie nicht mehr ins Leere, sondern sie wendet ihren Blick auf etwas, das größer ist als wir Menschen, das uns immer wieder Leben schenkt und das uns trägt.

Ich ermutigte Melanie K., in Situationen, in denen die beängstigenden Gedanken wieder auftauchen, ihren Blick auf die Natur und auf das Leben mit seinen grundlegenden Werten wie beispielsweise Liebe, Dankbarkeit und Geborgenheit zu lenken. Melanie K. sah darin eine Parallele zu der Beziehung zu ihrem Verlobten. Sie schilderte, dass sie in manchen alltäglichen Situationen durchaus auch streiten würden, dass dann eher wenig liebevolle Gefühle im Vordergrund stünden. »Aber unsere Beziehung«, so erkannte sie, »auf die kann ich bauen.« Diese war größer und stärker als manche Empfindung. Auf diese Liebe konnte sie, auch bei Auseinandersetzungen, vertrauen, wie auf den Wind, der den Drachen oben am Himmel trägt.

Sinn hat immer mit Leben zu tun. Wenn Leben sinnvoll ist, dann können wir grundsätzlich und immer wieder unseren Blick auf das richten, was hinter unserem Tun liegt und was uns in seiner Sinn- und Wertfülle anspricht.

Dies hat auch Bedeutung für den Umgang mit Menschen in Pädagogik, Beratung, Therapie und Seelsorge. Ein hilfesuchender Mensch kann durch die Haltung eines Menschen, der ihm oder ihr liebevoll zu Seite steht und der die Überzeugung durchscheinen lässt, dass das Leben unter allen Umständen sinnvoll ist, zusätzlich Lebenskraft und Zuversicht gewinnen.

Das Bojenmodell: Der Anker in meinem Leben

»Mache ich nur noch alles falsch?«
»Wer bin ich eigentlich?«
»Woran kann ich mich festhalten?«

Mit solchen oder ähnlichen Äußerungen bringen Menschen in meiner Praxis ein massives Gefühl der Hilflosigkeit zum Ausdruck. Vor allem ausgelöst durch einen verletzenden Umgang anderer Menschen mit ihnen kann es passieren, dass sie ihr gesamtes Verhalten infrage stellen.

Im Zusammenhang mit diesen Fragestellungen bringe ich **das Bojenmodell** in die Gespräche ein.

Das *Bojenmodell* wurde vom Augsburger Coach und Logotherapeuten Dr. Ralph Schlieper-Damrich entwickelt.[32]
    Zunächst bespreche ich mit den Patientinnen und Patienten, was die Aufgabe einer Boje ist: Eine Boje hat als eine Art Grenzmarkierung die Aufgabe, Wasserfahrzeuge vor einer Gefahr bei einer Weiterfahrt zu warnen.
    Dann bitte ich mein Gegenüber, sich eine Boje vorzustellen. Eine Boje besteht aus vier Teilen:

- dem Anker, der fest im Grund steckt,
- der Kette, die den Anker und den Bojenkörper verbindet,
- dem Bojenkörper, und
- der Fahnenstange mit der Fahne.

Der Anker und die Kette befinden sich unter Wasser, die Boje und die Fahnenstange sind über dem Wasser sichtbar.

Die Boje kann ihrer Aufgabe nur dann nachkommen, wenn ihre vier Teile unversehrt sind. Wenn der Anker nicht mehr im Boden steckt, schaukelt die Boje irgendwo auf dem Wasser herum. Das Gleiche geschieht, wenn die Kette unter Wasser reißt. Wenn der Bojenkörper rissig wird, kann Wasser in ihn eindringen, und er droht zu sinken. Wenn die Fahnenstange verbogen ist oder die Fahne in Fetzen zerrissen ist, dann besteht die Gefahr, dass die Boje als defekt angesehen und ihre Warnung nicht mehr ernst genommen wird.

Ralph Schlieper-Damrich ordnete in seinem Bojenmodell die vier Teile einer Boje wesentlichen Anteilen menschlichen Lebens zu:

- Der *Anker* ist vergleichbar mit den *Werten*,
- die *Kette* mit der *inneren Haltung* und den *Einstellungen eines Menschen*,
- der *Bojenkörper* mit dem *äußeren Verhalten*,
- die *Fahnenstange* mit der *Kommunikation*.

Bei dem Vergleich mit der Boje wird erkennbar, wie bedeutsam es für einen Menschen ist, dass seine Werte fest im Boden verankert sind, dass sie einen festen Grund haben. Aus den Werten eines Menschen ergeben sich seine Einstellungen und Haltungen, daraus folgen seine Handlungen, aus diesen wiederum ergeben sich in hohem Maße die Gespräche mit anderen Menschen und die jeweilige Gestaltung der Kommunikation.

Bedenken wir noch einmal: Was sind Werte und wie erleben wir sie? Werte sind Sinnmöglichkeiten, die wir als einen festen Grund in unserem Leben erleben. Wir Menschen wollen in unserem Leben nicht dahintreiben wie ein

Blatt im Wind oder wie eine Boje ohne Anker. Wir wollen etwas Einmaliges und Einzigartiges gestalten, das über unsere Person hinaus Bestand hat, das uns als wichtig erscheint und das wir als wertvoll erleben. Es geht hierbei auch um die grundsätzliche Bejahung des Lebens als sinnvolles Leben.

Viktor Frankl schrieb dazu: »Der Mensch will nicht da sein um jeden Preis, sondern was er wirklich will ist: sinnvoll sein.«[33]

Wir erleben an jedem Tag, dass unser Leben endlich ist und dass jeder Mensch begrenzte Zeit zur Verfügung hat, seine Lebensmöglichkeiten zu gestalten. Es ist nicht egal, dass wir und wie wir etwas gestalten, sondern wir erleben eine Verantwortung im Sinne einer Wertigkeit, hier und jetzt unsere je eigene Antwort zu geben. (Siehe dazu das Kapitel »Die Übung mit der Knete: Sowieso ist nicht egal«.) Es geht um ein *Wozu*, das gerichtet ist auf etwas, das über uns hinaus geht, auf einen – so Viktor Frankl – *»Grund zum Glücklichsein«*[34].

Bei einer wichtigen Tätigkeit, die ein Mensch ausübt ist es von Bedeutung, dass – bewusst oder unbewusst – sein Blick auf das Wertvolle gerichtet ist, er oder sie den Wert der Tätigkeit auch verinnerlicht hat. Wir Menschen können nie hundertprozentig sicher sein, dass das, was wir tun, auch das Richtige ist oder unser Tun gut ausgeht. Aber die Intention unseres Handelns, die durch einen Wert begründet ist, die bleibt, auch über Zeit und Raum hinaus. Vaclav Havel schrieb dazu: »Hoffnung ist nicht die Überzeugung, dass etwas gut ausgeht, sondern die Gewissheit, dass es Sinn hat, egal wie es ausgeht.«[35]

Damit meine Patientinnen und Patienten dies selbst einmal nacherleben, bitte ich sie an dieser Stelle häufig, die folgende Frage zu beantworten:

In welcher Situation Ihres Lebens hatten Sie einmal das Empfinden, dass etwas, das Sie getan haben, mit Ihren Werten und Ihren inneren Einstellungen übereinstimmte, so dass Sie eine Art von Gewissheit erlebten, unabhängig vom Ergebnis Ihres Tuns?

Vielleicht erlebt ein Mensch dies bei einer Entscheidung für eine Sache oder im Hinblick auf einen anderen Menschen. Möglicherweise auch bei einem Tun, das von umgebenden Personen deutlich kritisch hinterfragt wird. So wie es der junge Mann in der Geschichte mit den Seesternen erlebte: Er empfand seine Tätigkeit, das Hineinwerfen einzelner Seesterne zurück in das Leben spendende Wasser als wertvoll und letztlich als sinnvoll. Dieser Wert war für ihn der Grund seines Handelns, sein »Anker«, der auch dann noch im Boden steckte, als der alte Mann ihn fragte, warum er das denn tue.

Wodurch kann es passieren, dass der Anker einer Boje nicht mehr fest im Meeresboden steckt? Vielleicht kann dies durch einen heftigen Sturm oder sogar ein Erdbeben ausgelöst werden. Möglicherweise wird er mutwillig herausgerissen. Was bedeutet dies, übertragen auf das menschliche Leben?

Ein Beispiel dazu:

Antje K. äußerte schon zu Beginn eines unserer Gespräche: »*Ich bin so ein Dummkopf. Ich werde nie mehr jemandem etwas zuliebe tun.*«

Antje K. war Krankenschwester. Sie hatte einige Monate zuvor auf ihrer Station eine ältere Dame betreut, die sich nach einer Knieoperation beklagte, dass sie Schwierigkeiten habe, künftig in die Krankengymnastikpraxis zu kommen. Die Dame wohnte in der Nachbarschaft von Antje K., und diese bot ihr an, sie einmal pro Woche mit ihrem Auto zu der Krankengymnastikpraxis zu fahren. Während der Zeit der Behandlung würde sie selber dann ihren wöchentlichen Einkauf tätigen und könne anschließend die Dame wieder zu ihrer Wohnung bringen.

Einige Wochen lang – so berichtete mir Frau K. – habe sie dies auch so gemacht. Die Fahrten und die Gespräche habe sie als angenehm empfunden. Ab und an habe sie auch als Dank ein kleines Präsent von der Dame erhalten. Vor wenigen Tagen allerdings sei ihr durch eine Bekannte zu Ohren gekommen, dass die Dame sich ziemlich amüsiert über das Verhalten von Frau K. geäußert habe, dass sie sogar gesagt habe: *»Da habe ich eine Dumme gefunden, durch die ich jetzt ohne Probleme zu der Krankengymnastik komme.«*

Frau K. reagierte sehr betroffen, sie war sehr enttäuscht und wütend auf die Dame, aber auch auf sich selber, dass sie dies mit sich hatte machen lassen. Unmittelbar danach hatte sie der Dame eine schriftliche Nachricht zukommen lassen, dass sie künftig aus Zeitgründen nicht mehr zu der Krankengymnastikpraxis fahren könne. Ein Gespräch mit ihr darüber – so betonte sie mir gegenüber ausdrücklich – wolle sie keinesfalls führen.

In unserem weiteren Gespräch griff ich die Äußerung, die sie zu Beginn der Stunde gemacht hatte, wieder auf. *»Ich bin so ein Dummkopf. Ich werde nie mehr jemandem etwas zuliebe tun.«* Ich sagte ihr, dass ich gut verstehen könne, dass sie die Äußerung der Nachbarin sehr verletzt habe, ausgehend davon, dass diese sich tatsächlich so geäußert hatte.

Dann stellte ich ihr die Frage: »Was war zuvor Ihre Intention, Ihre Nachbarin einmal in der Woche zu der Krankengymnastikpraxis zu fahren und auch wieder nach Hause zu bringen? Aus welchem Grund haben Sie es getan?«

Antje K. antwortete: *»Ich habe das ihr zuliebe getan. Und ich hatte gedacht, das passt eigentlich gut zeitlich ineinander.«*

»Ist Ihnen grundsätzlich ein liebevoller Umgang mit anderen Menschen wichtig?«

Antje K.: *»Ja, eigentlich schon. Aber wenn jemand das so mit Füssen tritt, dann tut das sehr weh.«*

»Das kann ich, wie gesagt, sehr gut verstehen. Aber und das haben wir ja schon in anderer Hinsicht besprochen: Grundsätzlich haben wir leider niemals die hundertprozentige Sicherheit, dass andere Menschen dann, wenn wir wertschätzend mit ihnen umgehen, auch wertschätzend mit uns umgehen.

Nun stellte ich Frau K. das Bojenmodell vor, und wir übertrugen ihr persönliches Erleben auf das Bild von der Boje.

Durch die Äußerung ihrer Nachbarin – in dem Vergleich die Fahnenstange – fühlte Antje K. sich so erschüttert, dass das aufgewühlte Wasser an ihren Werten, an ihrem Anker so kräftig rüttelte, dass er nicht mehr fest in seinem Grund steckte und drohte, aus ihm herausgerissen zu werden. Davon waren auch ihre inneren Einstellungen und künftigen Handlungen in Mitleidenschaft gezogen. Sie hatte geäußert: »Ich werde nie mehr jemandem etwas zuliebe tun«, obwohl diese Absicht gar nicht ihren inneren Werten entsprach.

»Nun liegt es an Ihnen, Ihren Anker wieder fester in den Grund zu setzten. Dies können Sie unabhängig davon, wie andere Menschen mit Ihnen umgehen, auch wenn es nicht immer leichtfällt. Dabei geht es darum, dass Sie vor allem das in den Bick nehmen, was Sie grundsätzlich als wertvoll erachten. Ihre damalige Zielsetzung, liebevoll mit Ihrer ehemaligen Patientin umgehen zu wollen, bleibt weiterhin bestehen, unabhängig davon, wie die Dame damit umgegangen ist, und auch unabhängig davon, dass Sie sich jetzt zu einem anderen Umgang mit ihr entschieden haben.«

Anschließend bat ich Frau K., weitere Werte zu nennen, die ihr in Ihrem Leben von Bedeutung seien, zum Beispiel bei ihrer Arbeit als Krankenschwester.

Sie antwortete, dies seien insbesondere die Werte Offenheit, Vertrauen, Wertschätzung und Achtsamkeit.

Ich fragte sie: »Können Sie mir eine konkrete berufliche Situation nennen, in der beispielsweise Achtsamkeit eine größere Rolle spielt?«

»Wenn wir morgens im Team zusammen frühstücken und ein Patient schellt. Dann ist es mir wichtig, dass ich dies beachte und zu dem Patienten gehe. Viele meiner Kollegen finden das nicht so gut. Sie sagen häufig, ich soll erst mal sitzen bleiben und abwarten. Aber ich habe nicht selten erlebt, dass das Anliegen der Patienten dringend war. Es ist ja dann auch meine Aufgabe, dem Patienten zur Seite zu stehen. Aber es fällt mir oft gar nicht so leicht, bei den kritischen Blicken der Kollegen aufzustehen.«

Analog zum Bojenmodell wurde für Frau K. nun erkennbarer: Aus dem Wert Achtsamkeit ergab sich ihre innere Einstellung, dem Patienten beiseite stehen zu wollen. Daraus folgte ihr Verhalten, aufzustehen, zu dem Patienten zu gehen und mit ihm ein Gespräch anzufangen, zum Beispiel mit der Frage, inwiefern er ihre Hilfe benötigt.

Folgende Anregung gab ich Frau K. anschließend mit: »Wenn es Ihnen wieder einmal schwerfallen sollte, den kritischen Blicken Ihrer Kolleginnen und Kollegen standzuhalten, dann nehmen Sie den für Sie in dieser Situation wichtigen Wert der Achtsamkeit in den Blick. Vielleicht benennen Sie diesen innerlich nochmals ausdrücklich. Möglicherweise können Sie dann diesen Wert als Anker erleben, der Ihnen für Ihr anschließendes Tun Rückhalt geben kann, den Sie damit auch gedanklich noch fester in den Boden stecken.«

Der persönliche Anker im Hinblick auf Werte kann jedem Menschen sowohl in der Rückschau, als auch beim gegenwärtigen Tun sowie im Ausblick auf das weitere Leben Halt und Festigkeit vermitteln.

So war es auch für Frau K. wichtig, zu erkennen, dass sie im Umgang mit ihrer ehemaligen Patientin nicht »dumm«, sondern ihrer Werthaltung entsprechend gehandelt hatte. Diese Erkenntnis konnte ihr zwar nicht die Schmerzen über das Erlebte nehmen, sie aber darin bestärken, künftig trotzdem ihren Werten gemäß zu handeln.

Werte können Sie sich auch als Wurzeln vorstellen: Sie liegen unseren Blicken verborgen unter der Erde, doch das Lebewesen kann durch deren Kraft und Festigkeit stehen und agieren. Wurzeln brauchen Nahrung. Vieleicht brauchen auch Werte immer wieder Impulse, um mehr Festigkeit im Boden zu gewinnen.

Wenn wir dieses Bild auf das menschliche Leben übertragen, dann wird auch deutlich, dass die Festigkeit des Ankers oder der Wurzeln grundsätzlich unabhängig vom Alter und von Lebensäußerlichkeiten ist. Insbesondere ältere Wurzeln und auch die, die sich gegen Widerstände weiterentwickelt haben, können viel Stabilität und Festigkeit besitzen. Umgekehrt brauchen vor allem junge Pflanzen viel Wertschätzung und Behutsamkeit, um ihre eigenen Wurzeln stärken zu können.

Diese Überlegungen führen in weiterführende Aufgabengebiete der Logotherapie, vor allem im Hinblick auf Pädagogik und Erziehung, doch hier wollen wir diese nicht weiter verfolgen.

Ein Aufgabengebiet der Logotherapie, das auch zu einem meiner Arbeitsschwerpunkte zählt, ist die Begleitung lebensbedrohlich erkrankter Menschen im Rahmen von Psychoonkologie und Palliativmedizin. In Fortbildungen für medizinisch und pflegerisch tätige Kolleginnen und Kollegen zeige ich auch das Bojenmodell auf, vor allem in Verbindung mit der Fragestellung:

»Worin bestehen die besonderen Aufgaben der Logotherapie in der Begleitung lebensbedrohlich erkrankter Menschen im Vergleich zu den onkologisch tätigen Fachkräften?«

Der Arzt und die Ärztin richten ihren Blick vorrangig auf den Körper des Patienten oder der Patientin, der, vergleichbar mit einem Bojenkörper, inzwischen »defekt« ist. Sie kommunizieren die diagnostischen und therapeutischen Aspekte mit dem oder der Betreffenden. Es steht außer Frage, wie wichtig dabei die grundlegende Haltung der Wertschätzung dem Patienten oder der Patientin gegenüber ist.

In der logotherapeutischen Arbeit richten wir – um in dem Bild der Boje zu bleiben – unseren Blick deutlich mehr auf das, was unter der Wasseroberfläche liegt. Die Intention ist dabei, die Sinnhaftigkeit des Lebens, die Bedeutung eigener Wertbezüge und die jeweils persönlichen Einstellungen dazu zusammen mit dem Patienten oder der Patientin sichtbar zu machen. Die Krankheit hat sich in dem Körper des oder der Betreffenden entwickelt, sie beansprucht einen hohen Anteil an Aufmerksamkeit. Gleichzeitig werfen wir den Blick auf die Vergangenheit des Patienten/der Patientin. An welche wertvollen Erfahrungen und Begegnungen kann er oder sie sich erinnern? Welche Werte im Sinne des Ankers waren dabei grundlegend gegeben, sowohl durch ihn oder sie selbst, als auch durch andere Personen? Dann schauen wir weiter hin: Inwiefern haben ihm oder ihr diese Werte Kraft und Halt gegeben, auch um bei leidvollen Erfahrungen weiterhin Zuversicht und Lebensvertrauen zu bewahren?

Möglicherweise werden bei diesen Erinnerungen einzelne Werte sichtbar, die auch in der Gegenwart trotz des Leides oder sogar in besonderer Weise angesichts des Leides zu verwirklichen sind. Welche Einstellungen ergeben sich jetzt daraus für den Patienten, die Patientin? Beispielsweise kann ein Mensch erkennen, dass ihm Offenheit und Vertrauen in der Vergangenheit von großer Wichtigkeit waren. Inwieweit kann und will er oder sie diese in der Gegenwart verwirklichen? Vielleicht durch ein Gespräch mit einem nahestehenden Menschen, dem gegenüber er oder sie bisher geschwiegen hat?

Wenn der Anker mit seinen Werten dem Patienten oder der Patientin aufscheint und ihm oder ihr weiterhin Halt geben kann, dann ist es möglich, die bestmögliche Lebensqualität auch angesichts einer schweren und lebensbedrohlichen Erkrankung wirksam werden zu lassen.

Die Lebenstreppe: Rückschau und Vorausschau

Gegen Ende der therapeutischen Gespräche setze ich gleichsam als Rückfallprophylaxe das Bild von der Lebenstreppe ein. Die Intention ist, dass die oder der Betreffende noch einmal mit Hilfe einer bildhaften Vorstellung die inzwischen überstandene Krise betrachtet und ein deutlicheres Verständnis dafür gewinnen kann, wie sich die Störung in ihr oder ihm ausbreiten konnte. Anschließend rege ich mein Gegenüber an, anhand des Bildes die Schritte in den Blick zu nehmen, durch die sie oder er die Krise überwinden und wieder Selbstvertrauen und Lebensfreude erlangen konnte.

Fassen wir noch einmal zusammen: Was bedeutet das Erleben einer Krise?

Eine kritische Situation erlebt ein Mensch dann, wenn innere und/oder äußere Veränderungen auftreten, die er oder sie mit den bisherigen Erfahrungen und Methoden zunächst nicht bewältigen kann. Wenn die Krise weiterhin bestehen bleibt, kann sie existentiell bedrohliche Ausmaße annehmen. Der betreffende Mensch erlebt in der Folgezeit einen zunehmenden Verlust von Selbstvertrauen, Lebenskraft und Lebensfreude.

Für den Umgang mit einer Krise ist es von Bedeutung, wie ein Mensch diese krisenhafte Situation erlebt und wie er oder sie damit umgeht. Denn eine Krise bedeutet nicht nur Verlust. Sie beinhaltet immer auch eine Chance der Wendung zum Besseren, zur Erlangung größerer innerer Stärke.

Die Idee zu dem **Bild mit der Lebenstreppe** bekam ich durch ein Gespräch mit einem Patienten, der unter einer massiven Krise, einer Erschöpfungsdepression litt. Bei der Schilderung seines Befindens und dem Erleben seiner damaligen Lebenssituation tauchte in meinen Gedanken ein Bild von einer eingebrochenen Treppenstufe auf. Daraus entwickelte ich die Metapher der Lebenstreppe und den therapeutischen Umgang damit.

Zumeist zum Abschluss unserer gemeinsamen therapeutischen Arbeit stimme ich meinen Gesprächspartner oder meine Gesprächspartnerin auf folgendes Bild ein:

Stellen Sie sich vor, wir Menschen befinden uns in unserem Leben auf einer Treppe, die wir hinaufsteigen. Jeder Tag bietet uns die Möglichkeit, jeweils eine Stufe weiter nach oben zu steigen. Jede Stufe kann unterschiedlich hoch sein. Am Rand der Treppe führt auch ein Geländer nach oben.

Wenn der Patient oder die Patientin sich in dieses Bild hineindenken kann, dann rege ich ihn oder sie mit Fragestellungen an, Parallelen zwischen der eigenen Lebenssituation und der Lebenstreppe zu ziehen.

Hier ein Beispiel zu diesem Vorgehen:

Manfred F. hatte als langjährige Fachkraft in einer Klinik viel Erfahrung gesammelt, hatte eine leitende Position erreicht, die vielfältige Aufgaben mit sich brachte. Herr F. war sehr zuverlässig, er mochte seine Arbeit sehr, verbrachte viele Stunden damit, auch an Wochenenden. Die Arbeit nahm ihn immer mehr in Anspruch. Es dauerte einige Zeit, bis er deutlich spürte und auch zugeben musste, dass er inzwischen überfordert war. Er arbeitete dennoch weiter, bis er eine Art Zusammenbruch erlebte. Mit der Diagnose »Psychovegetatives Erschöpfungssyndrom/Burnout« kam er in meine Praxis. Er beschrieb sein Befinden mit den Worten: *»Ich kann nicht mehr. Ich weiß überhaupt nicht, wie es weitergehen soll. Ich habe riesige Angst, dass ich nichts mehr auf die Reihe kriege.«*

In den folgenden Wochen und Monaten verbesserte sich Schritt für Schritt sein Befinden. Sein Vertrauen in das Leben und sein Selbstvertrauen nahmen wieder zu und auch sein Anliegen, wieder in den Arbeitsprozess einzusteigen. Zu diesem Zeitpunkt schilderte ich ihm das Bild von der Lebenstreppe.

Bitte versuchen Sie, sich in dieses Bild hineinzudenken:

Als es Ihnen noch gut ging, sind Sie jeden Tag eine Stufe höher gestiegen, haben sich dabei manches Mal am Geländer festgehalten.

Dann kam die Zeit, in der es Ihnen schlecht ging. Sie sind immer tiefer in die Erschöpfung und in die Depression geraten. Können Sie Ihr damaliges Befinden möglicherweise auf das Bild mit der Treppe übertragen? Sind Sie weiterhin jeden Tag eine weitere Stufe hochgestiegen, oder was passierte damals?

»Zu dem Zeitpunkt ging gar nichts mehr. Ich bin nur noch mechanisch auf der Stelle getreten, habe nur noch funktioniert. Bis auch das nicht mehr ging. Da stand ich wie gelähmt auf der Stufe.«

Bitte schauen Sie nochmals zurück zu der Zeit, in der es Ihnen gut ging. Können Sie sich vorstellen, was die einzelnen Stufen für Sie bedeuteten? Aus welchem Material bestanden sie?

»Da war Kraft und Zuversicht.«

Und woher nahmen Sie Ihre Kraft und Zuversicht?«

»Durch meine Arbeit, die Patienten, viele Kollegen, auch Fortbildungen.«

Und das Geländer, was könnte dies für Sie bedeuten?

»Festhalten konnte ich mich immer an meiner Familie, auch bei guten Freunden. Ohne die hätte ich das alles gar nicht geschafft.«

Anschließend schauten wir noch genauer hin, inwiefern seine Werte und Werthaltungen – übertragen auf die Lebenstreppe – von Bedeutung waren und sind.

Vielleicht können wir uns vorstellen, dass das Leben uns Menschen an jedem einzelnen Tag Möglichkeiten bietet, Wertvolles zu erkennen und zu verwirklichen. Es ist die Aufgabe eines jeden Menschen, diese Möglichkeiten zu erfassen und auch umzusetzen. Daraus entsteht jede weitere Stufe, es verleiht der Stufe Festigkeit und gibt uns Menschen zugleich Energie und Zuversicht, die nächste Stufe am kommenden Tag gestalten und besteigen zu wollen.

Wir können uns immer an unserem »Geländer« festhalten. Aber für die Festigkeit des Geländers, für die Beziehung zu anderen Menschen tragen wir eine Verantwortung, auch hier bilden unsere Werte und Werthaltungen für die Gestaltung von Beziehungen das Fundament.

Manfred F. benannte vor allem die Werte Zuverlässigkeit, Vertrauen, Achtsamkeit, Dankbarkeit und Wertschätzung, die für sein Leben von großer Bedeutung waren.

Nun schauten wir nochmals zu der Zeit seiner Krise zurück. Wodurch konnte es geschehen, dass ihm Kraft und Zuversicht verloren gegangen waren, die nächste Stufe erreichen zu können? Herr F. fasste nochmal die einzelnen Aspekte zusammen, die zu seinem Burnout geführt hatten: *»Ich konnte nicht Nein sagen, wollte es allen recht machen. Ich habe nicht mehr auf genügend Erholungsphasen geachtet. Ich musste immer wieder aufgrund von Zeitknappheit Dinge tun oder auch weglassen, die eigentlich meinen Werten widersprachen. Ich bin auch ausgenutzt worden. Manches Mal bin ich hintergangen worden. Das hat mir sehr weh getan, aber zu dem Zeitpunkt konnte ich mich noch nicht wehren.«*

Im weiteren Gespräch betrachteten wir die Schritte, die Herr F. inzwischen gegangen war, was er erkannt hatte und womit er zuversichtlicher umgehen konnte.

Wir schauten nochmal seine Lebenstreppe an, seine Möglichkeiten, die kommenden Stufen jeweils gehen zu können und zu wollen, die Menschen an seiner Seite, das Geländer, inwiefern es ihm immer wieder Halt gebe, und inwiefern er dies mitgestalten könne und wolle. Er beschrieb dies mit den Worten: *»Ich schaue jetzt genauer hin. Manchmal verlangsame ich bewusst das Tempo und gehe nur kleinere Stufen weiter nach oben. Ich habe gelernt, auf das zu achten, was mir in meinem Leben wichtig ist, und ich kann dies auch immer besser mit anderen Menschen kommunizieren. Ich kann mehr loslassen und genieße mein Leben wieder deutlich mehr.«*

Das Bild mit der Lebenstreppe kann Menschen vielfältige Möglichkeiten bieten, Parallelen zu dem eigenen Leben zu erkennen und auch individuelle Anliegen sichtbarer zu machen.

Zwei weitere Beispiele dazu:

Eine junge Frau hatte eine sehr krisenhafte Phase der Bulimie überstanden.

Diese Lebensphase beschrieb sie im Bild mit der Lebenstreppe so: »*Ich war auf einer Stufe eingebrochen. Da war eine Abhängigkeit eingetreten wie ein Sog, der mich dort immer wieder festhielt. Ich fühlte mich ausgeliefert, und traute mich nicht, nach dem Geländer zu greifen, mit anderen darüber zu sprechen. Irgendwann konnte ich nicht mehr, da habe ich endlich mit jemandem gesprochen, mir Hilfe geholt. Und dann konnte ich es langsam schaffen, mich wieder aus dem Sog der eingetretenen Stufe zu befreien und weiter nach oben zu steigen. Ich habe viel mehr Selbstbestimmtheit dazu gewonnen.*«

Ein junger Mann schilderte seine depressive Phase rückblickend mit diesen Worten:

»*Ich stand auf einer Stufe und ich hatte riesige Angst hinunterzufallen, hatte mich am Geländer festgekrallt. Das Festkrallen war wahrscheinlich meine Musik mit meiner Band. Aber ich habe anderen Menschen zu wenig getraut, um mir Hilfe bei ihnen in meiner Not zu holen. Das ist jetzt ganz anders geworden.*«

Indem ich die im Bild mit der Treppe ausgeführten Schilderungen des Erlebens aufgreife, ist es immer wieder möglich, das, was der betreffende Mensch erlebt hat, und wie es zu der Krise kommen konnte, zu hinterfragen, um deutlicher zu erkennen, was der oder die Betreffende in den vergangenen Wochen gelernt hat, und was er oder sie im Hinblick auf die eigene Lebensgestaltung weiterhin ändern kann und will.

Das Bild mit der Lebenstreppe kann eine Hilfestellung sein, sich immer wieder vor Augen zu führen:

Das Leben bietet uns jeden Tag die Möglichkeit, eine weitere Stufe gehen zu können. Vielleicht können wir am

Ende des Tages noch einmal zurückblicken und versuchen, auf diese Fragen Antworten zu finden:

- Auf welcher Stufe stehe ich heute? Was habe ich heute erlebt?
- Welche Möglichkeiten sind mir heute begegnet, und welche davon habe ich gestaltet?
- Habe ich heute etwas gelernt, das ich für morgen mitnehmen und nun möglicherweise besser machen kann?
- Welche Grenzen habe ich heute erlebt? Wie bin ich damit umgegangen?
- Stimmte das, was ich getan habe, mit meinen Werten überein?
- Wurde mir heute etwas gegeben, für das ich Dankbarkeit empfinde?
- Welchen Halt gibt mir das Geländer, geben mir andere Menschen, und welchen Halt gebe ich ihnen?
- Was ist mir für den morgigen Tag wichtig? Was motiviert mich, die nächste Stufe zu gestalten?

**Es liegt an mir,
was ich in meinen Blick
und in meine Hände nehme,
ob und wie ich den nächsten Schritt gehe.**

Dank

Seit vielen Jahren ist es mir ein Anliegen, die in meiner Arbeit entwickelten Bilder in Buchform zu veröffentlichen. Dieses Anliegen ist nun erfüllt. Viele Menschen haben mir dabei zur Seite gestanden, denen ich an dieser Stelle meinen Dank aussprechen will.

Ein besonderer Dank gilt meiner Agentin und Lektorin Imke Rötger, die immer an mein Manuskript geglaubt hat und mich ermutigte, dieses bei BoD zu veröffentlichen. Mit großer Sorgfalt, viel Kompetenz und Einfühlungsvermögen hat sie den Text des Buches lektoriert.

Ein großer Dank gilt auch meiner Tochter Laura Tirier, die jedes Kapitel als erste gelesen hat und mir gute und kritische Anmerkungen dazu gab. Bei kleineren und größeren Fragen war sie mir immer wieder eine zuverlässige und aufmerksame Hilfe.

Danke auch an meine Tochter Kristina Karasu und an meine Freundin und Kollegin Monika Gauselmann, die mein fertiges Manuskript kritisch gelesen haben und mir gute Anregungen dazu mitgegeben haben.

Auch meinem Kollegen Cornelius Busch möchte ich danken, der mich in unseren zahlreichen Ausbildungsseminaren ermutigte, Übungen mit Bildern und Geschichten in die Theorie einzubringen und mir dabei immer wieder mit wertvollem Rat zur Seite stand.

Auch gilt ein Dank meinen Patientinnen und Patienten. Durch die Gespräche mit ihnen konnte ich vieles dazulernen, konnte die Übungen mit den Bildern immer wieder verfeinern.

Ein großer Dank gilt auch meinem Mann Christian. Er bestärkt mich immer wieder in meiner Arbeit und er unterstützte mich mit viel Verständnis, wenn ich mal wieder an meinem Buchmanuskript arbeitete. DANKE!

Literatur

Albers, Josef (1988): Josef Albers. Eine Retrospektive. DuMont Buchverlag, Köln

Frankl, Viktor Emil (1950): Homo Patiens. Franz Deuteke, Wien

Frankl, Viktor Emil (1975): Der leidende Mensch. Hans Huber, Bern Stuttgart

Frankl, Viktor Emil (1982): Ärztliche Seelsorge. Franz Deuteke, Wien

Frankl, Viktor Emil (1987): Logotherapie und Existenzanalyse. Piper, Wien

Frankl, Viktor Emil (2003): …trotzdem Ja zum Leben sagen. 23. Auflage, dtv, München

Frankl, Viktor Emil (2007): Theorie und Therapie der Neurosen. Ernst Reinhard Verlag, München Basel

Fromm, Erich: (1995): Psychoanalyse und Ethik. dtv, München

Gross, Werner: »*Wie man lebt, so stirbt man.*« S. 176, Springer, Berlin, Heidelberg, 2021

Längle, Alfried (1988): Entscheidung zum Sein. Piper, München

Lukas, Elisabeth (1998): Lehrbuch der Logotherapie. Profil, München Wien

Scheler, Max (1980): Der Formalismus in der Ethik und die materiale Wertethik, 6.Auflage, Francke, Bern München

Scheler, Max (1947): Die Stellung des Menschen im Kosmos. Franke, Bern München

Schlieper-Damrich, Ralph (2013): Krisencoaching – Den Brüchen im Leben kraftvoll trotzen. managerSeminare Verlag, Bonn

Tirier, Ursula (2019): Dem Angstriesen entgegentreten. Patmos, Ostfildern

Anmerkungen

1 Aus: Mey, Reinhard (1972): Gute Nacht, Freunde. Erstveröffentlichung des Liedes auf dem Album »Mein achtel Lorbeerblatt«.

2 In meinem Buch *»Dem Angstriesen entgegentreten«* erläutere ich die anthropologischen Grundlagen der Logotherapie ausführlich.

3 Scheler (1947), S. 38.

4 Frankl (1982), S. 33.

5 Mey (1972).

6 Frankl (1082), S. 100.

7 Lukas (1998), S. 169ff.

8 Längle (1988), S. 42ff.

9 Albers (1988), S. 62.

10 Albers (1952), veröffentlicht mit freundlicher Genehmigung der Josef and Anni Albers Foundation, Bethany Conneticut, USA.

11 Frankl (1987), S. 153f.

12 Ebd., S. 104.

13 Scheler (2007), S. 259ff

14 Frankl (1982), S, 72.

15 Frankl (2007), S. 20.

16 Fromm (1995), S. 40.

17 Ebd.

18 Frankl (1982), S.92.

19 In meinem Buch *»Dem Angstriesen entgegentreten«* gehe ich ausführlicher auf den Umgang mit Gedanken ein.

20 Frankl (1987), S. 94.

21 Frankl (2003), S. 108.

22 Frankl (1987), S. 179.

23 Lukas (1998), S. 87.

24 Erzählt nach William Ashburne. Ich habe diese Geschichte durch eine Ausbildungsteilnehmerin kennengelernt; eine Quelle dazu konnte ich nicht auffinden.

25 Frankl (1982), S. 40.

26 Ebd. S. 44.

[27] Ebd. S. 68.

[28] In meinem Buch *»Dem Angstriesen entgegentreten«* gehe ich ausführlicher auf den Umgang mit Gedanken ein.

[29] Frankl (1982), S.43ff.

[30] Frankl (1982), S.59.

[31] In meinem Buch *»Dem Angstriesen entgegentreten«* bin ich ausführlich darauf eingegangen, wie dies gelingen kann.

[32] Schlieper-Damrich (2013), S. 335.

[33] Frankl (1950), S. 72.

[34] Frankl (1975), S. 9.

[35] Havel zitiert nach: Gross (2021), S. 176.

Ebenfalls von **Ursula Tirier** erschienen:

Dem Angstriesen entgegentreten.
Schritt für Schritt zu neuer Lebensfreude

Angst ist eine ganz normale Reaktion, die uns auf Gefahren hinweist. Wenn die Angst aber so groß wird, dass sie unser Leben einengt, dann ist aus der Schutzfunktion eine Angststörung geworden.

Hier kann die Logotherapie, eine sinnzentrierte Psychotherapie, die auf Viktor Frankl zurückgeht, helfen. Ursula Tirier zeigt Schritt für Schritt, wie es gelingen kann, die eigenen Ängste besser verstehen und ihnen entgegen treten zu können. Mit Hilfe vieler Beispiele, Geschichten und Übungen ermöglicht sie den Leserinnen und Lesern, wieder mehr Lebensfreude und Zuversicht zu erlangen.

Erschienen im Patmos Verlag, 2019.
ISBN 978-3-8436-1113-8

Ursula Tirier führt den **Podcast:**

LOGOS – Schritte zur Sinnfindung.

Ausgehend vom Menschenbild der sinnzentrierten Logotherapie nach Viktor Emil Frankl veranschaulicht die Autorin die Methodik, die sie seit über 30 Jahren in ihrer Praxis anwendet und weiterentwickelt. Folge für Folge, Schritt für Schritt führt sie ihre Zuhörerinnen und Zuhörer durch die Methodik ihrer psychotherapeutischen Arbeit.

Zu finden ist der Podcast auf Spotify sowie über Apple music und iTunes.